Spargel

Genehmigte Lizenzausgabe für Verlagsgruppe Weltbild GmbH, Steinerne Furt, 86167 Augsburg

Rezepte: Sylivia Winnewisser
Coverfoto: StockFood/Michael Boyny
Fotos: TLC Fotostudio
Gesamtherstellung: Naumann & Göbel Verlagsgesellschaft mbH
Printed in China
978-3-8289-1408-7

2012 2011 2010
Die letzte Jahreszahl gibt die aktuelle Lizenzausgabe an.

Spargel

Kulinarische Highlights für Genießer

Weltbild

Inhalt

Vorwort

Spargel

Alljährlich erwarten Feinschmecker sie sehnsuchtsvoll: die Zeit zwischen Ende April und Ende Juni, wenn es frisch gestochenen Spargel gibt. Ob Weiß oder Grün, ob in Butter geschwenkt oder mit Hollandaise serviert: Spargel ist ein Garant für Delikatesse und Genuss.

Spargel – königliches Gemüse

Die Geschichte des Spargels, dessen offizieller Name nach Linné „asparagus officinalis" lautet, reicht weit zurück: Man vermutet ihren Ursprung in Vorderasien. Wild wachsender Spargel soll in Ägypten schon um 4500 v. Chr. als Nahrungs- und Heilpflanze verwendet worden sein.

Seine Karriere als delikates Nahrungsmittel begann der Spargel bei den Römern, die davon nicht genug bekommen konnten, was zu einem enormen Preisanstieg führte. Die Preise stiegen so drastisch, dass Kaiser Diokletian um 304 n. Chr. einen Höchstpreis für Spargel festsetzen musste. Schon damals schätzte man also das wild wachsende Gemüse als besondere Delikatesse.

Der römische Feldherr und Gelehrte Cato, der Ältere, beschäftigte sich mit dem Gartenbau und bescheinigte dem Spargel, dass er dem Gaumen schmeichele und sehr bekömmlich sei. Er war es auch, der in seiner Schrift „De agricultura" zum ersten Mal eine Anleitung über Anbau und Züchtung von Spargel im Garten verfasste. Wahrscheinlich war damit der in den Mittelmeerländern heimische Wildspargel (asparagus actufolius) gemeint, der bei den wohlhabenden Römern sehr beliebt war.

Auch der Feldherr Lucullus (1. Jh. v. Chr.) war vom Geschmack des Spargels begeistert, ebenso wie Kaiser Augustus. So trieben die Römer die Kultur des Spargelanbaus voran. Jedoch geriet dieses Wissen mit dem Untergang des römischen Reiches vorrübergehend in Vergessenheit.

Obwohl wahrscheinlich bereits von den Römern eingeführt, taucht der Spargel in Deutschland nachweislich erst im frühen Mittelalter auf, und zwar in den Klostergärten. Von dort aus verbreitete sich sein Ruf als schmackhaftes und gesundes Gemüse über das ganze Land.

An Fürsten- und Königshöfen in Frankreich und England wurde Spargel als wahrhaft königliches Gemüse in allen Variationen serviert. Der Legende nach war ein Gelehrter aus Deutschland zu Beginn des 16. Jahrhunderts an einem französischen Fürstenhof zu Gast und kam in den Genuss von Spargel. Der Geschmack überzeugte und er nahm einige Setzlinge mit nach Deutschland.

Als der badische Kurfürst 1586 den Auftrag gab, im Schlossgarten seiner Residenz in Schwetzingen bei Heidelberg Spargel anzubauen, begründete er damit den konventionellen Spargelanbau in Deutschland.

Zu Beginn des 17. Jahrhunderts war Spargel schon allgemein bekannt, obwohl natürlich längst nicht jedem zugänglich. Zu jener Zeit entstanden einige der heute noch bekannten Anbaugebiete.

War es zunächst der grüne Spargel, der angebaut wurde, so setzte sich in Deutschland im Laufe der folgenden Jahrhunderte von Norddeutschland ausgehend der Siegeszug des weißen Bleichspargels durch.

Es dauerte noch bis zum Ende des 19. Jahrhunderts, ehe der Spargel „volkstümlich" wurde und auch auf den Tellern der einfacheren Leute und des Bürgertums zu finden war.

Verbesserte Transportwege sorgten für eine flächendeckende Verteilung, außerdem förderte der Buchdruck die Verbreitung von Kochbüchern, die das für die Hausfrau und Köchin notwendige Wissen über die Zubereitung von Spargel enthielten. Somit hat auch Johannes Gutenberg durch die Erfindung des Buchdrucks indirekt zur Popularität des Spargels beigetragen.

Wissenswertes aus der Botanik

Die Spargelpflanze gehört zu den Liliengewächsen und zur Familie der Spargelgewächse. Eigentlich handelt es sich um eine Staude, die unterirdisch sogenannte Rhizome bildet – Wurzeln, die als Nährstoffspeicher dienen, aus denen dann im Frühjahr die bekannten Stangen als Sprosse wachsen. Bis dies nach dem Pflanzen so weit ist, dauert es drei bis vier Jahre. Erst dann können die ersten Stangen geerntet werden. Die Spargelstangen gibt es in männlicher und in weiblicher Form oder als Zwitter. Weibliche Pflanzen finden sich auf den Feldern kaum noch, da überwiegend männliche Hybridsorten angebaut werden. Schon im 19. Jahrhundert hatte man nämlich erkannt, dass männliche Pflanzen früher austreiben und mehr und dickere Stangen bilden, also insgesamt ertragreicher sind.

Grün – Weiß – Violett

Das Sonnenlicht bestimmt die Farbe
Insgesamt kennt man etwa 300 Spargelarten, von denen über 100 in den Ländern rund um das Mittelmeer, die übrigen in Asien und anderen warmen Gebieten verbreitet sind. Bei uns ist nur der „asparagus officinalis" heimisch, der weiß, grün oder violett erhältlich ist.

Der **weiße Spargel** wird in typischen Erdwällen oder Spargeldämmen kultiviert und gestochen, sobald sich die Erdoberfläche leicht hebt, d.h. bevor die Spargelköpfchen mit dem Sonnenlicht in Berührung kommen. So bleiben auch die Spitzen makelos weiß.

Violetter Spargel wird besonders in Frankreich geschätzt. Er schmeckt ein wenig würziger als weißer Bleichspargel. Violetter Spargel wird gestochen, wenn die Spargelköpfchen die Erdoberfläche schon leicht durchbrochen haben. Mittlerweile gibt es jedoch Züchtungen, die grün oder violett sind, ohne dass sie je Licht sahen.

Grüner Spargel wächst weitgehend über der Erde. Geerntet werden die Stangen, sobald sie etwa 20–25 cm groß sind.

Grüner und violetter Spargel sind keine eigenen Sorten, sondern Spielarten des weißen. Durch die Sonnenstrahlung verfärben sich die Stangen zunächst violett, später dann grün. Dieser Farbwandel lässt sich durch die Fotosynthese erklären: Wenn Spargel ans Sonnenlicht kommt, bildet sich Chlorophyll, ein natürlicher Farbstoff, der Pflanzen grün färbt. Mit dem Chlorophyll steigt auch der Anteil an Vitamin C in grünem Gemüse. Grüner Spargel ist also vitaminreicher als weißer Spargel.

Wildspargel – ein falscher Verwandter

Wildspargel gehört eigentlich nicht zur Familie der Spargelgewächse, sondern zu den Wolfsmilchgewächsen, in manchen Gegenden wird er auch Ährige Teufelskralle, Waldspargel oder Feldrapunzel genannt. Er hat einen sehr dünnen, aufrechten Stängel mit herzförmigen Blättern. Die grünen, noch geschlossenen Blütenknospen können ab Ende April geerntet werden, allerdings nur etwa 3–4 Wochen lang.

Wildspargel wächst im Wald, im feuchten Unterholz in Laub- und Eichenwäldern, selten im Nadelwald. In einigen Gegenden Frankreichs gedeihen die dünnen Stängelchen wie „Unkraut". Wildspargel ist würziger im Geschmack als Grün- und Bleichspargel, mit einem leicht bitteren Anflug – bei Spitzenköchen sehr beliebt. Mittlerweile ist auch kultivierter Wildspargel erhältlich.

Kirschen rot – Spargel tot

Die Erntezeit von Spargel ist begrenzt. Je nach Klima beginnt sie von Ende März bis Ende April und sie endet am 24. Juni, dem Johannitag. Der Volksmund kennt dazu die Regel „Kirschen rot – Spargel tot". Danach braucht die Pflanze Ruhe, um sich für die nächste Saison zu regenerieren.

Die Pflanze treibt aus, es wachsen ungenießbare lange Spargelstangen mit Kraut, das bis zu 1,50 m hoch wächst und an dem sich feine Fiederscheinblättchen und kleine Knospen bilden. Aus diesen entstehen im August rote Beeren und Samenkapseln, aus denen wieder neue Spargelpflanzen gezogen werden können. Das Kraut wird im Herbst abgeschnitten, der Rest aus Angst vor Schädlingsbefall abgebrannt. Ein guter Spargelwurzelstock kann etwa 25 Jahre lang jährlich neue Sprossen bilden. Er hat einen Umfang von bis zu 5 Metern.

Die Grundlage – der richtige Boden

Für den Spargelanbau ist eine bestimmte Bodenbeschaffenheit notwendig. Die anspruchsvolle Spargelpflanze benötigt zum Gedeihen einen gut durchlüfteten, sandigen und nährstoffreichen Boden, dessen Grundwasserspiegel unter 1,20 m liegt. Nasse Füße mag die Pflanze nämlich nicht. Auch Sonne ist sehr willkommen, der Boden sollte die Wärme außerdem gut speichern.

Die vorgezogenen 12 Monate alten Spargelpflanzen werden in Gräben von etwa 25 cm Tiefe und 45 cm Breite in einem Abstand von mindestens 40 cm gesetzt. Erst im dritten Jahr nach der Pflanzung kann die erste Ernte erfolgen.

Ernte gut – alles gut

Die Spargelernte ist mühevoll, weil sie ausschließlich per Hand erfolgt. Lediglich das Sortieren nach verschiedenen Qualitätsstufen kann maschinell erledigt werden. Ab Ende April heißt es täglich am besten vor Sonnenaufgang nachschauen, ob sich winzig kleine Risse in den Erdhügeln zeigen. An dieser Stelle wird der Wurzelstock mit einer Spezialkelle freigelegt und die Spargelstangen mit langen Spargelmessern gestochen. Dann wird der Damm wieder zugeschüttet. Zweimal täglich kann geerntet werden. Am Ende der Erntezeit werden die Dämme eingeebnet.

Nach der Ernte werden die Stangen gewaschen und auf eine gleichmäßige Länge geschnitten. Die empfindlichen Stangen bleiben länger frisch, wenn sie für kurze Zeit in kaltes Wasser gelegt werden. Anschließend sollte der Spargel bis zur Sortierung kühl, feucht und dunkel gelagert werden. So bleibt die Qualität bis zum Verkauf erhalten.

Folienanbau – schwarz oder Natur

Spargel braucht zum Wachsen bestimmte Voraussetzungen. Nicht nur die Bodenbeschaffenheit, gute Düngung und Nährstoffversorgung sind wichtig, sondern auch die Temperatur unter der Erde. Erst bei einer anhaltenden Temperatur von mindestens 12 °C beginnen die

Stangen zu sprießen. Leider lässt sich entsprechend mildes Wetter nicht jedes Jahr für Ende April vorhersagen. Da aber die Nachfrage nach Spargel stark angestiegen ist, greifen die Spargelbauern zu Folien, um die Dämme damit abzudecken und das Wachstum der Sprossen zum gewünschten Zeitpunkt zu garantieren. Sogenannte Antitau- oder Thermofolien kommen dabei zum Einsatz. Sie sind durchsichtig, ähnlich einer Haushalts-Klarsichtfolie, und verhindern, dass Wärme aus dem Boden entweicht. Außerdem beschlägt die Folie nicht. Das ist wichtig, denn die Stangen werden durch die Folie gestochen und eine beschlagene Folie würde die Sicht beeinträchtigen.

Schwarze Folien dienen hauptsächlich dazu, das Verfärben der Spargelstangen zu verhindern, da das Sonnenlicht komplett abgeschirmt wird. Der Boden erwärmt sich nicht schneller durch diese Abdeckung. Folien haben ihre Funktion im Spargelanbau, aber für die Erntehelfer ist es mühsam, sie täglich mehrmals abzudecken und nach dem Spargelstechen wieder aufzulegen.

Spargel – heilsam und genussreich

Was Spargel so begehrenswert macht, ist nicht nur der feine Geschmack, der perfekt mit den unterschiedlichsten Zutaten harmoniert, sondern auch seine gesundheitsfördernde Wirkung. Der griechische Arzt Hippokrates pries bereits 400 v. Chr. die Heilwirkung von Spargel bei Milzbeschwerden, Ischiasschmerzen und Gelbsucht und schrieb dem Spargel darüber hinaus luststeigernde und gleichzeitig empfängnisverhütende Eigenschaften zu. Damals kannte man allerdings den weißen Spargel noch nicht, es muss sich folglich um die wild wachsende Spargelform gehandelt haben, heute als Wildspargel bekannt.

Seinen Namenszusatz „officinalis" erhielt der Spargel im Mittelalter. Er zeugt von der heilkundlichen Bedeutung, die die Klöster ihm gaben, wurden doch alle Pflanzen und Kräuter, denen man heilende Wirkung nachsagte, nach bestimmten Ordnungsprinzipien erfasst und mit lateinischen Namen versehen.

Die mittelalterlichen Heilkundler verordneten Spargel zur Blut- und Harnreinigung und zur generellen Entgiftung des Körpers. Bei Gicht, Herzklopfen, Husten, Magenleiden, Rheuma, Nieren- und Gallensteinen wurde Spargel eingesetzt, daneben auch zur Senkung des Blutdrucks, bei Herz-Kreislauferkrankungen und bei Übergewicht.

Viele der damals geschätzten Eigenschaften des Spargels treffen auch nach modernem Wissensstand noch zu, vor allem die harn- und blutreinigende Wirkung des Spargels steht außer Zweifel, Menschen mit akuter Nieren- oder Blasenentzündung sollten allerdings auf den Verzehr von Spargel verzichten.

Leichter & gesunder Genuss

Spargel besteht zu etwa 95 % aus Wasser und ist daher äußerst kalorienarm. 100 g Spargel enthalten gerade mal 15 kcal. Außerdem enthält Spargel weder Fett noch Cholesterin, ist dagegen aber reich an wertvollen Mineralstoffen. Damit sorgen die köstlichen Stangen für die Entschlackung des Körpers und einen gesunden Stoffwechsel.

Selbst Diätapostel oder Abnehmwillige können ihn demnach in großen Mengen und ohne Reue verzehren. Besonders reich ist Spargel an Kalium, Phosphor und Magnesium. So deckt zum Beispiel ein Kilo Spargel den Tagesbedarf eines Erwachsenen an Kalium und die Hälfte das täglichen Bedarfs an Phosphor und Magnesium.

Gerade oder krumm

Handelsklassen

Für die verschiedenen Spargelsorten weiß, grün oder violett gelten besondere Richtlinien, die von der EU festgelegt wurden.

Es gibt drei Handelsklassen, nach denen die Spargelstangen sortiert werden.

Handelsklasse „Extra" oder I a: Hierzu gehören gerade, unbeschädigte Stangen, die gleichmäßig lang und dick sind, nämlich etwa 22 cm lang und 16–26 mm Umfang haben. Die Köpfe sind fest und geschlossen.

Handelsklasse I b: In diese Klasse werden Stangen sortiert, die leicht gebogen sind, 10–16 mm Umfang haben und bis 22 cm lang sind. Die Köpfe sind fest und geschlossen.

Handelsklasse II: Alle weniger gerade geformten Stangen mit leicht geöffneten Köpfen und einer Dicke von 8 mm und Länge von etwa 12 cm landen in dieser Kategorie.

Bruch- oder Brechspargel: So wird der Spargel bezeichnet, der beim Stechen abbricht. Er darf zwischen 5 und 6 cm lang sein, je nachdem, ob mit oder ohne Kopf. Geschmacklich ist übrigens kein Unterschied zwischen den verschiedenen Handelsklassen zu verzeichnen.

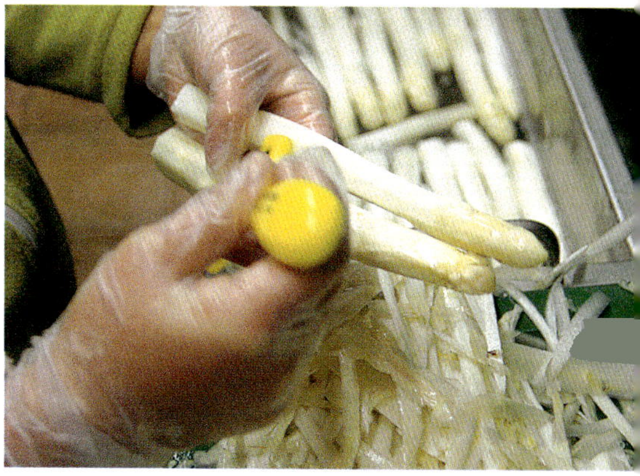

Einkauf & Lagerung

Für alle Spargelklassen gilt nach EU-Vorschrift als Merkmal für Frische: Am Ende befindet sich eine glatte Schnittfläche, Aussehen und Geruch sind frisch. Die Stangen sind unversehrt, ohne Druckstellen und Schäden.

Dies können Sie beim Kauf ganz einfach feststellen. Fühlt die Schnittfläche sich feucht an, wurde der Spargel am selben Tag gestochen. Der beim Zusammendrücken der Schnittenden austretende Saft sollte nicht bitter schmecken. Die Stangen sollten nicht hohl klingen und keine holzigen Stellen aufweisen.

Spargel schmeckt frisch am besten, d. h. er wird am Tag des Kaufs auch zubereitet. Im Kühlschrank hält er sich etwa 3 Tage in ein feuchtes Tuch gewickelt. Spargel produziert sehr viel CO_2, wodurch er schnell verdirbt und die gesunden Inhaltsstoffe kaputtgehen. Sonne und Trockenheit sind darüber hinaus das absolute Verderben jeder Spargelstange.

Schälen – eine Kunst für sich

Auch beim Schälen beweist der Spargel seine königliche Natur, denn er verlangt eine besondere Behandlung. Weißer Spargel wird von oben nach unten geschält, beginnend etwa 2–3 cm unter dem Kopf. Das Schälen ist sehr wichtig, denn nichts stört den Genuss mehr als ungeschälte Spargelstücke, die man im Mund hin- und herwendet. Das untere Spargelende sollte mehrmals geschält werden, bis auch die letzte Schale entfernt ist.

Grüner Spargel hat eine sehr viel dünnere Schale als weißer Spargel. Er braucht daher nur im unteren Drittel geschält zu werden. Bei Wildspargel können Sie vollständig auf das Schälen verzichten.

Womit Sie der Schale zu Leibe rücken – einem „normalen" Sparschäler – der auch für Kartoffeln Verwendung findet, oder einem Spargelschäler, bleibt Ihnen überlassen. Profi-Spargelschäler sehen wie eine Zange aus. Mit der einen Seite wird der Spargel gehalten, an der anderen Seite befindet sich der Schäler.

Bereits geschälten Spargel zu kaufen ist nur dann ratsam, wenn er auch am selben Tag zubereitet werden soll.

Zubereitung

Der Handel bietet Spargelkochtöpfe in allen Formen an: länglich zum Liegend-Garen oder hoch zum Aufrecht-Garen. Bei beiden Verfahren kann der Spargel schonend, mit wenig Wasser im Dampf gegart werden. Bei größeren Mengen Spargel bietet sich der Backofen an. Legen Sie die Stangen in die Fettpfanne oder eine große Auflaufform, geben etwas Olivenöl dazu und decken das Ganze mit Alufolie ab. Die Stangen garen hier im eigenen Saft, was sie besonders aromatisch macht. Die Garzeit bei 180 °C beträgt etwa 45–50 Minuten auf der unteren Schiene.
Sie können pro Person mit etwa 500 g Spargel als Hauptgericht rechnen, frei nach der alten Faustregel: „Pro Mund ein Pfund". Servieren Sie ihn als Beilage, reichen 250 g pro Person.

Eine Grundregel für die Garzeiten besagt, dass weiße Stangen 15–20 Minuten benötigen, je nach Dicke und grüne 8–12 Minuten, um weich zu werden. Ob Sie die Stangen eher „bissfest" garen oder ganz weich kochen, bleibt Ihnen überlassen. Zu beachten ist allenfalls, dass bei längerer Garzeit mehr Inhaltsstoffe ins Kochwasser verloren gehen.

Einige Rezepte empfehlen, Schalen und Abschnitte auszukochen und darin die Stangen zu garen. Das ist nur bei biologisch angebautem Spargel ratsam.

Die Zubereitung von Spargel ist Geschmackssache. Ob roh, gedünstet mit Butter oder mit Sauce Hollandaise gereicht – für manche Feinschmecker ist dies eine Glaubensfrage, anderen weniger dogmatischen Spargelfreunden schmeckt Spargel in vielen verschiedenen Zubereitungsarten vorzüglich.

Welche Vielfalt bei den verschiedenen Zubereitungsarten besteht, sehen Sie auf den folgenden Rezeptseiten. Spargel ist in Kombination mit anderen Gemüsesorten, Fleisch, Fisch und Meeresfrüchten überaus vielseitig und überraschend harmonisch. Das letzte Kapitel ist ausgefallenen Spargelzubereitungen gewidmet, die man nicht alle Tage findet. Oder haben Sie schon einmal Spargelkonfitüre, Spargelpudding oder Spargelsoufflé probiert?

Wir wünschen Ihnen viel Spaß beim Nachkochen unserer Rezepte und eine genussreiche Spargelzeit!

Kleine Speisen mit Spargel

Spargel-Mousse
mit Blattspinat

Den Spargel vorbereiten und in Stücke schneiden. Die Spargelspitzen 4 Minuten blanchieren. Die Schalotten schälen und würfeln, den Spinat putzen, waschen und grob hacken.

Spargelstücke und Schalotten im heißen Öl andünsten. Spinat zugeben und einige Minuten schmoren. 125 ml Sahne angießen und einkochen lassen. Mit Salz, Pfeffer, Muskatnuss und Zitronensaft abschmecken. Die Masse pürieren.

Gelatine in kaltem Wasser einweichen, unter Rühren erhitzen, auflösen und unter das Püree rühren. Restliche Sahne steif schlagen und unter die Spargelmasse heben. Die Spargelmousse auf dekorative Gläser verteilen und abgedeckt kalt stellen. Mit Spargelspitzen garniert servieren.

Für 4 Portionen

500 g weißer Spargel
2 Schalotten
100 g Blattspinat
2 El Öl
375 ml Sahne
Salz, Pfeffer
Muskatnuss
1 El Zitronensaft
5 Blatt Gelatine

Zubereitungszeit:
ca. 20 Minuten
(plus Gar- und Kühlzeit)
Pro Portion ca. 330 kcal/1386 k
7 g E, 31 g F, 7 g KH

Kartoffelscheiben
mit Spargel

Die Kartoffeln schälen, in Scheiben schneiden und salzen. Das Butterschmalz in einer Pfanne erhitzen und die Kartoffeln darin von beiden Seiten knusprig goldbraun braten. Herausnehmen und auf Küchenpapier abtropfen lassen.

Frühlingszwiebel putzen und in Ringe schneiden. Mit den restlichen Zutaten zu einem Dressing verrühren und über die Spargelstücke geben. 30 Minuten durchziehen lassen. Kartoffelscheiben auf Teller verteilen und mit dem Spargelsalat belegen. Mit Radieschenstreifen und Schnittlauch garniert servieren.

Für 4 Portionen

2 Kartoffeln (ca. 150 g), Salz
6 El Butterschmalz
1 Frühlingszwiebel
1 El Weißwein-Essig
1 El Olivenöl
Pfeffer
250 g grüner Spargel, bissfest gegart und in Stücken
1 Radieschen in Streifen
1 Bund Schnittlauch in Ringen

Zubereitungszeit:
ca. 25 Minuten
(plus Brat- und Garzeit)
Pro Portion ca. 92 kcal/385 kJ
2 g E, 5 g F, 9 g KH

Spargel-Frittata
mit Tomatensalsa

Für 4 Portionen

500 g grüner Spargel
100 ml Sahne
2 El Butter, 6 Eier
1 El Mehl, Salz, Pfeffer
100 g frisch geriebener Gruyère
3 Tomaten, 1 Schalotte
1 Knoblauchzehe
4 getrocknete Tomaten
1 El Rotwein-Essig
3 El Olivenöl

Zubereitungszeit:
ca. 30 Minuten (plus Schmor- und Backzeit)
Pro Portion ca. 333 kcal/1396 kJ
21 g E, 24 g F, 8 g KH

Den Backofen auf 180 °C (Umluft 160 °C) vorheizen. Spargel waschen, im unteren Drittel schälen, holzige Enden entfernen und in Stücke schneiden. Die Sahne steif schlagen.

Butter in einer ofenfesten Pfanne erhitzen und die Spargelstücke darin andünsten. Eier mit Mehl, Gewürzen und Käse verquirlen und die Sahne unterheben. Masse zum Spargel geben und vermischen. Die Frittata im Ofen etwa 15 Minuten stocken lassen, bis die Oberfläche gebräunt ist.

Tomaten kreuzweise einritzen, mit kochendem Wasser überbrühen, von Haut, Stielansätzen und Kernen befreien und fein würfeln. Schalotte und Knoblauch schälen und mit den getrockneten Tomaten fein hacken. Mit Essig und Olivenöl mischen und mit Salz und Pfeffer würzen. Frittata in Streifen schneiden und mit der Tomatensalsa servieren.

Spargel-Snack
im Tempura-Mantel

Für 4 Portionen

je 500 g grüner und weißer Spargel
Salz, 80 g Speisestärke
5 g Backpulver
1 Eiweiß
2 Knoblauchzehen
50 g frisch geriebener Ingwer
50 g frisch gehackte rote Peperoni
150 ml Reisessig
100 g Zucker
250 ml Öl zum Ausbacken

Zubereitungszeit:
ca. 30 Minuten
(plus Garzeit und Zeit zum Frittieren)
Pro Portion ca. 385 kcal/1617 kJ
8 g E, 15 g F, 53 g KH

Den Spargel putzen, waschen, schälen (grünen Spargel nur im unteren Drittel schälen) und die holzigen Enden abschneiden. Spargel halbieren und in kochendem Salzwasser bissfest garen. Dann abtropfen und abkühlen lassen. Stärke mit Backpulver und 80 ml kaltem Wasser verrühren. Das Eiweiß knapp steif schlagen und unter die Stärkemasse heben. Schüssel in Eiswasser stellen.

Knoblauch schälen und hacken. Mit Ingwer, Peperoni, Essig und Zucker vermischen. Alles in einen Topf geben und etwa 30 Minuten bei geringer Temperatur köcheln, bis die Sauce etwas andickt.

Das Öl in einem Topf erhitzen. Spargelstücke im Tempurateig wenden und im heißen Öl goldbraun frittieren. Auf Küchenpapier abtropfen lassen. Mit der Sauce servieren.

Frittierter Wildspargel
mit Salbei

Das Ei trennen. Aus Bier, Eigelb, Mehl und Öl einen Teig herstellen und leicht salzen. Das Eiweiß steif schlagen und unterheben. Ruhen lassen.

Den Wildspargel waschen und die Schnittstelle abschneiden. Salbei waschen und trocken schütteln. Blätter abzupfen und auf Küchenpapier trocknen.

Das Frittieröl in einem Topf auf 180 °C erhitzen. Die Salbeiblätter in Mehl und dann in den Teig tauchen und portionsweise frittieren. Auf Küchenpapier abtropfen lassen. Anschließend den Wildspargel ebenfalls in den Teig tauchen und frittieren. Salbei und Spargel mit etwas Zitronensaft beträufeln und servieren.

Für 4 Portionen
1 Ei
300 ml helles Bier
150 g Mehl
3 El Olivenöl
Salz
800 g Wildspargel
1 Bund Salbei, 2 El Mehl
250 ml Öl zum Frittieren
Saft von 1 unbehandelten Zitrone

Zubereitungszeit:
ca. 25 Minuten
(plus Frittierzeit)
Pro Portion ca. 490 kcal/2058 kJ
10 g E, 31 g F, 36 g KH

Gebackener Spargel
mit kalter Spinatsuppe

Für 4 Portionen
300 g Spinat
150 g Eiswürfel
Salz, Pfeffer
5 El Traubenkernöl
5 El kalte Gemüsebrühe
12 weiße Spargelstangen
1 Ei
1 Tl Öl
50 g Paniermehl
2 El Butterschmalz
Kräuter-Cème-fraîche nach Belieben

Zubereitungszeit:
ca. 30 Minuten
(plus Kühl- und Garzeit)
Pro Portion ca. 199 kcal/838 kJ
6 g E, 13 g F, 13 g KH

Den Spinat verlesen, putzen und waschen. Feucht in einem Topf etwa 5 Minuten blanchieren, bis er zusammenfällt. Abgießen und abtropfen lassen.

Den Spinat mit den Eiswürfeln, Salz und etwas Pfeffer in den Mixer geben und langsam zerkleinern. Nach und nach das Öl und Brühe hinzufügen und alles pürieren. Suppe durch ein Sieb streichen, abschmecken und kühl stellen.

Den Spargel waschen, schälen, holzige Enden entfernen und die Stangen in kochendem Wasser bissfest garen. Abgießen und abkühlen lassen.

Ei mit dem Öl und 1 El Wasser verquirlen und auf einen Teller geben. Spargel zuerst in der Eimischung und dann in Paniermehl wenden. Im heißen Butterschmalz braten. Mit der Spinatsuppe und Kräuter-Crème-fraîche servieren.

Marinierter Spargel mit Pfirsich

Den Spargel waschen, im unteren Drittel schälen, die Enden abschneiden. Schalen und Abschnitte in etwa 1,5 l kochendem Salzwasser mit Butter und Zucker aufkochen und etwa 20 Minuten ziehen lassen. Mit einer Schaumkelle herausnehmen. Den Spargel im selben Wasser bissfest garen. Anschließend herausnehmen, abschrecken und abtropfen lassen.

400 ml Kochwasser auffangen und mit dem Essig verrühren. Die Spargelstangen darin über Nacht marinieren lassen.

Die Pfirsiche leicht einritzen, mit kochendem Wasser überbrühen und häuten. Früchte halbieren, Steine entfernen und das Fruchtfleisch in dünne Spalten schneiden. Den Schinken in Scheiben schneiden. Spargel aus der Marinade nehmen. Spargel, Pfirsichspalten, Salat und Schinkenscheiben in Gläsern anrichten. Dazu frisches Brot reichen.

Für 4 Portionen

1 kg grüner Spargel
1 El Butter
2 Tl Zucker
1 Tl Salz
4 El Balsamessig
4 Pfirsiche
200 g luftgetrockneter Schinken
einige Frisséeblätter zum Servieren

Zubereitungszeit:
ca. 40 Minuten
(plus Gar- und Marinierzeit)
Pro Portion ca. 175 kcal/736 kJ
15 g E, 5 g F, 17 g KH

Spargelterrine
mit Krabbenfleisch

Für 6 Portionen
300 g gekochtes Krabben- oder Krebsfleisch
80 g Fischfilet
1 Ei
Salz, Pfeffer
1 Tl Butter
180 ml Sahne
2–3 weiße Spargelstangen
3 große Wirsingblätter

Zubereitungszeit:
ca. 40 Minuten
(plus Kühl- und Garzeit)
Pro Stück ca. 166 kcal/697 kJ
14 g E, 11 g F, 2 g KH

Krabben- und Fischfleisch mit dem Ei im Mixer pürieren. Würzen, 30 Minuten kühl stellen. Butter und Sahne unter die Fischmasse rühren. Erneut kalt stellen. Den Spargel vorbereiten, in kochendem Salzwasser bissfest garen. Den Wirsing putzen, den harten Strunk herausschneiden und 5 Minuten blanchieren.

Eine schmale, längliche Terrine (ca. 20 cm) einfetten, mit den Wirsingblättern bis über den Rand auslegen. Die Hälfte der Fischmasse hineinfüllen, Spargel darauflegen und mit Fischmasse bedecken. Wirsingblätter darüberschlagen. Mit Alufolie abdecken. Den Backofen auf 120 °C (Umluft 100 °C) vorheizen. Terrine im Wasserbad etwa 35 Minuten garen. Über Nacht abkühlen lassen. Die Terrine in Scheiben schneiden und mit grünem Salat servieren.

Crespelle
mit Spargelfüllung

Für 4 Portionen
250 ml Milch
100 g Mehl
1 Ei, 2 Eigelb, Salz
je 300 grüner und weißer Spargel
Zucker
1 El Butter
2 El Öl
1 Kohlrabi
200 ml Sahne
150 g frisch geriebener Pecorino
roter Pfeffer

Zubereitungszeit:
ca. 40 Minuten
(plus Brat-, Ruhe-, Garzeit und Zeit zum Überbacken,
Pro Portion ca. 465 kcal/1953 kJ
22 g E, 29 g F, 28 g KH

Aus Milch, Mehl, Ei, Eigelb und 1/2 Tl Salz einen Teig bereiten und 30 Minuten kalt stellen. Spargel vorbereiten, in Stücke schneiden, in 500 ml Wasser, mit Salz und etwas Zucker bissfest garen. Warm stellen. Zerlassene Butter unter den Crespelleteig rühren. Öl in einer Pfanne erhitzen und 8 Pfannkuchen backen. Übereinanderlegen und warm stellen.

Kohlrabi schälen und würfeln. Im Spargelsud mit 100 ml Sahne 10 Minuten garen. Restliche Sahne steif schlagen. Kohlrabi im Fond pürieren. Sahne unterheben und abschmecken.

Backofen auf 250 °C (Umluft 230°) vorheizen. Den Spargel auf die Crespelle verteilen und mit etwas Sauce überziehen. Crespelle zusammenlegen, restliche Sauce und Käse darübergeben und im Ofen etwa 7 Minuten überbacken.

Spargeltatar
mit Kapernsauce

Für 4 Portionen
500 g weißer Spargel
Salz, Zucker
1 Bund Zitronenthymian
Saft von 1/2 unbehandelten Zitrone
2 El Traubenkernöl
2 Frühlingszwiebeln
2 El Butter
1 El Mehl
50 ml Weißwein
2 El Kapern

Zubereitungszeit:
ca. 40 Minuten
(plus Gar- und Kochzeit)
Pro Portion ca. 84 kcal/353 kJ
3 g E, 4 g F, 7 g KH

Spargel waschen, schälen und die holzigen Enden entfernen. Spargel in sehr kleine Würfel schneiden. Schalen und Enden in 400 ml Wasser mit Salz und etwas Zucker 10 Minuten köcheln. Thymian waschen, tocken schleudern, die Blättchen abzupfen und fein hacken.

Spargelfond durchsieben, erneut aufkochen und die Spargelstücke darin etwa 5 Minuten garen. Herausnehmen und mit Thymian, Zitronensaft, Öl und Salz würzen.

Die Frühlingszwiebeln putzen, waschen und fein würfeln. 1 El Butter in einer Pfanne erhitzen und die Zwiebelstücke darin anschmoren. Das Mehl darüberstäuben und den Wein angießen. Mit dem Spargelfond aufgießen. Sauce unter Rühren aufkochen und etwa 15 Minuten köcheln.

Die Kapern und die restliche kalte Butter unter die Sauce heben und mit Salz und Pfeffer abschmecken. Zum Spargeltatar servieren.

Spargelcarpaccio mit Früchten

Den Spargel waschen, schälen und die holzigen Enden entfernen. Die Stangen in kochendem Salzwasser etwa 5 Minuten blanchieren, dann längs in dünne Scheiben schneiden.

Spargelscheiben auf Tellern anrichten und mit 2 El Zitronensaft beträufeln. Die Orangen schälen, die weißen Innenhäute entfernen und die Orangenfilets herauslösen. Den Saft auffangen.

Die Crème fraîche mit saurer Sahne, Essig, Öl, Orangensaft und restlichem Zitronensaft verrühren. Mit Salz und Pfeffer würzen.

Die Orangenfilets auf den Spargelscheiben anrichten und mit der Sauce überziehen. Dazu nach Geschmack Schinkenscheiben und frisches Weißbrot reichen.

Für 4 Portionen

400 g weißer Spargel
Salz
3 El Zitronensaft
2 Orangen
2 El Crème fraîche
2 El saure Sahne
2 El Estragon-Essig
3 El Traubenkernöl
Pfeffer

Zubereitungszeit:
ca. 30 Minuten
(plus Garzeit)
Pro Portion ca. 100 kcal/418 kJ
3 g E, 5 g F, 10 g KH

Spargel-Pasteten
mit Sauce Béchamel

Für 4 Portionen
500 g Thai-Spargel
Salz
8 Blätterteig-Pasteten (FP)
100 g Möhren
100 g Tomaten
1 El Öl
Sauce Béchamel (FP)
Pfeffer
Petersilie zum Garnieren

Zubereitungszeit:
ca. 30 Minuten
(plus Back- und Schmorzeit)
Pro Portion ca. 121 kcal/511 kJ
6 g E, 6 g F, 9 g KH

Den Backofen auf 160°C (Umluft 140 °C) vorheizen. Den Spargel waschen, holzige Enden entfernen und die Stangen in 5 cm lange Stücke schneiden. In kochendem Salzwasser etwa 10 Minuten garen. Herausheben, abschrecken und abtropfen lassen. 250 ml Spargelsud beiseitestellen. Die Blätterteigpasteten im Ofen nach Packungsanweisung aufbacken. Die Möhren putzen, schälen und in dünne Scheiben schneiden. Die Tomaten waschen, trocknen, halbieren, Stielansätze und Kerne entfernen und das Fruchtfleisch würfeln.

Das Öl in einer Pfanne erhitzen und die Möhren darin anschmoren. Nach etwa 3 Minuten die Spargelstücke und die Tomaten hinzufügen alles weitere 3 Minuten schmoren. Die Béchamelsauce nach Packungsanweisung zubereiten und unter das Gemüse rühren. Alles mit Salz und Pfeffer würzen und kurz erhitzen. Je 2 Pasteten auf einen Teller geben. Mit dem Gemüse füllen. Die Pasteten mit den Deckeln verschließen und mit Petersilie garniert servieren.

Statt der Möhren können auch Champignons verwendet werden, außerdem kann Hackfleisch oder grüner Pfeffer in die Sauce eingearbeitet werden.

Spargel-Pasteten mit Pilzen

Spargel-Pasteten mit Hackfleisch

Spargel-Pasteten mit Pfeffersau

Spargelomelett
mit Gouda

Für 4 Portionen
750 grüner Spargel
Salz
1/2 El Zucker
8 Eier
4 El Sahne, Pfeffer
1 Bund Schnittlauch
2 El Butter
100 g frisch geriebener Gouda

Zubereitungszeit: ca. 30 Minuten (plus Gar- und Bratzeit)
Pro Portion ca. 368 kcal/1543 kJ
26 g E, 26 g F, 8 g KH

Den Spargel waschen, im unteren Drittel schälen und die holzigen Enden abschneiden. In kochendem Salzwasser mit etwas Zucker bissfest garen. Spargel herausnehmen, abtropfen lassen und in Stücke schneiden.

Die Eier mit der Sahne verquirlen und mit Salz und Pfeffer würzen. Schnittlauch waschen, trocken schütteln und in Röllchen schneiden. Schnittlauch unter die Eimasse heben.

1/2 El Butter in einer Pfanne erhitzen, je ein Viertel der Eimasse und des Spargels hineingeben und ein Viertel vom Käse darüberstreuen. Abgedeckt bei geringer Temperatur etwa 10 Minuten stocken lassen. Auf diese Weise drei weitere Omeletts braten. Spargelomeletts mit grünem Salat servieren.

Spargel in Blätterteig
mit Sesam

Für 4 Portionen
12 Stangen weißen Spargel
Salz
Zucker
450 g TK-Blätterteig
2 Eier
4 Scheiben gekochter Schinken
4 Scheiben Emmentaler
2 El Olivenöl
1 El Sesamsaat

Zubereitungszeit: ca. 30 Minuten (plus Gar- und Bratzeit)
Pro Portion ca. 598 kcal/2509 kJ
11 g E, 22 g F, 34 g KH

Den Spargel waschen, schälen und die holzigen Enden abschneiden. In kochendem Salzwasser mit etwas Zucker etwa 10 Minuten garen.

Blätterteig auftauen lassen und ausrollen. Aus dem Teig vier Quadrate (15 x 15 cm) schneiden. Die Eier verquirlen und den Teig damit bestreichen. Teigreste in Streifen schneiden und für die Dekoration beiseitelegen. Den Backofen auf 180 °C (Umluft 160 °C) vorheizen.

Die Teigquadrate mit je einer Schinken- und Käsescheibe belegen, darauf diagonal je drei Spargelstangen legen. Die beiden gegenüberliegenden Ecken des Teiges über den Spargel zur Mitte hin zusammenlegen und festdrücken. Spargelköpfe und Enden mit Olivenöl bestreichen. Die Blätterteigtaschen mit den Teigstreifen verzieren, dünn mit restlicher Eiermasse bestreichen und mit Sesam bestreuen. Im Ofen etwa 30 Minuten backen.

Suppen mit Spargel

Kalte Spargelsuppe
mit Krabbenpäckchen

Den Spargel vorbereiten, in kochendem Salzwasser mit etwas Zucker bissfest garen. Die Spargelspitzen abschneiden und den Rest mit dem Melonenfruchtfleisch pürieren. Mit Limettensaft, -schale und Zucker abschmecken. Spargelspitzen in die Suppe legen, alles kalt stellen.

Das Krabbenfleisch fein würfeln und mit den Frühlingszwiebeln mischen. Würzen, mit Zitronensaft abschmecken. Teigblätter mit der Krabben-Zwiebel-Mischung füllen. Zu Quadraten zusammenlegen und mit Eiweiß bestreichen. Teigstücke im heißen Frittieröl (200 °C) goldbraun frittieren und mit der kalten Suppe servieren.

Für 4 Portionen

500 g grüner Spargel
Salz, Zucker
2 Galiamelonen
Saft und etwas abgeriebene Schale von 2 unbehandelten Limetten
150 g Krabben
3 Frühlingszwiebeln, gehackt
Pfeffer, 2 Tl Zitronensaft
8 Wan-Tan-Blätter, 1 Eiweiß
250 ml Frittieröl

Zubereitungszeit:
ca. 40 Minuten
(plus Kühl- und Frittierzeit)
Pro Portion ca. 325 kcal/1365 kJ
11 g E, 26 g F, 12 g KH

Kalte Spargel-Consommé
mit Äpfeln

Gelatine einweichen und in einem Topf unter Rühren auflösen. Unter 500 ml passierten Spargelfond heben. Ein Drittel dieser Masse auf 4 Schalen verteilen, im Kühlschrank fest werden lassen.

Spargel in Stücke schneiden. Äpfel schälen, entkernen, in dünne Scheiben schneiden. In der heißen Butter kurz dünsten. Spargelstücke, Tomaten und Äpfel auf dem erstarrten Fond anrichten, restliche Consommé erwärmen und darübergießen. Fest werden lassen und kalt servieren.

Für 4 Portionen

Salz, Zucker
9 Blatt Gelatine
500 g weißer Spargel (gegart, Fond aufbewahrt)
2 kleine Äpfel, 1 El Butter
2 Tomaten enthäutet und entkernt, in Scheiben

Zubereitungszeit:
ca. 40 Minuten
(plus Garzeit und Zeit zum Festwerden)
Pro Portion ca. 91 kcal/380 kJ
5 g E, 3 g F, 11 g KH

Spargelsuppe
mit Ziegenkäse überbacken

Für 4 Portionen
600 g weißer Spargel
500 g Kartoffeln
1 El Butter
350 ml Milch
350 ml Sahne
250 g Crème fraîche
Salz, Pfeffer
3 El frisch gehackte Petersilie
180 g Ziegenfrischkäse

Zubereitungszeit:
ca. 40 Minuten
(plus Dünst- und Backzeit)
Pro Portion ca. 713 kcal/2993 kJ
21 g E, 57 g F, 30 g KH

Den Spargel waschen, schälen und die Enden abschneiden. Stangen in etwa 3 cm lange Stücke schneiden. Diese Stücke längs halbieren. Die Kartoffeln waschen, schälen und in kleine Würfel schneiden. Den Backofen auf 230 °C (Umluft 200 °C) vorheizen.

Die Butter in einem Topf erhitzen und die Spargelstücke darin etwa 3 Minuten dünsten. Kartoffeln hinzufügen und kurz mitdünsten. Anschließend Milch und Sahne einrühren und die Crème fraîche unterheben. Bei mittlerer Temperatur etwa 10 Minuten garen. Mit Salz und Pfeffer abschmecken.

Die Petersilie unter die Suppe rühren und diese auf 4 feuerfeste Suppentassen verteilen. Den Ziegenkäse zerbröckeln und auf die Suppe streuen. Im Ofen etwa 15 Minuten überbacken.

Spargelsuppe mit Gouda

Den Spargel waschen, schälen und die Enden abschneiden. Schalen und Enden mit etwa 800 ml Salzwasser, etwas Zucker und Limettensaft etwa 10 Minuten köcheln. Anschließend durch ein Sieb passieren. Spargelstangen in 3 cm lange Stücke schneiden und im Spargelsud bissfest garen. Dann herausnehmen und warm stellen.

In einem Topf die Butter schmelzen und mit dem Mehl eine Mehlschwitze herstellen. Den Spargelfond angießen und unter Rühren binden. Suppe noch etwa 5 Minuten köcheln. Mit Salz, Zucker und restlichem Limettensaft abschmecken. Gouda in kleine Würfel schneiden und in die Suppe geben. Mit Basilikumblättchen garniert servieren.

Für 4 Portionen
500 g weißer Spargel
Salz, Zucker
Saft von 1 Limette
1 El Butter
1 El Mehl
250 g Gouda
Basilikumblättchen zum Garnieren

Zubereitungszeit:
ca. 30 Minuten
(plus Gar- und Kochzeit)
Pro Portion ca. 295 kcal/1239 kJ
19 g E, 21 g F, 6 g KH

Spargelsuppe mit Bärlauch

Den Spargel waschen, schälen, die holzigen Enden abschneiden und die Stangen in etwa 3 cm lange Stücke schneiden. Spargelschalen und Enden mit etwa 750 ml Wasser, Salz, Zucker und dem Zitronensaft in einen Topf geben und etwa 10 Minuten köcheln. Dann durch ein Sieb passieren. Spargelstücke im Kochsud bissfest garen, dann abgießen und warm stellen.

Die Butter in einem Topf schmelzen und mit dem Mehl eine Mehlschwitze herstellen. Mit Spargelfond auffüllen und unter Rühren binden. 200 ml Sahne angießen und die Suppe weitere 10 Minuten köcheln.

Bärlauch waschen, trocken schleudern und hacken. Den Bärlauch in die Suppe geben und alles pürieren. Suppe mit Salz und Zucker abschmecken. Zuletzt die Spargelstücke in die Suppe geben und mit 100 ml geschlagener Sahne und frischem Baguette servieren.

Für 4 Portionen
500 g weißer Spargel
Salz, Zucker
1 El Zitronensaft
1 1/2 El Butter
2 Tl Mehl
300 ml Sahne
1 Bund Bärlauch
Baguette zum Servieren

Zubereitungszeit:
ca. 30 Minuten
(plus Gar- und Kochzeit)
Pro Portion ca. 270 kcal/1134 kJ
5 g E, 25 g F, 8 g KH

Spargelsuppe
mit Kerbelklößchen

Für 4 Portionen
500 g weißer Spargel
800 ml Gemüsebrühe
3 Bund Kerbel
250 ml Milch
4 El Butter
150 g Mehl
4 Eier
Salz
frisch geriebene Muskatnuss
200 ml Sahne

Zubereitungszeit:
ca. 30 Minuten
(plus Garzeit)
Pro Portion ca. 390 kcal/1638 kJ
17 g E, 28 g F, 18 g KH

Spargel waschen, schälen und die holzigen Enden abschneiden. Die Spargelstangen in etwa 3 cm lange Stücke schneiden. Die Gemüsebrühe in einem Topf erhitzen und die Spargelstücke darin bissfest garen. Einige Spargelköpfe beiseitelegen.

Den Kerbel waschen, trocken schütteln und die Blätter fein hacken. Die Milch in einem Topf erhitzen und die Butter unterrühren. Das Mehl hinzufügen und so lange rühren, bis sich ein Kloß gebildet hat, der sich vom Topfboden löst.

Den Teig in eine Schüssel geben und die Eier unterrühren. Anschließend den Kerbel hinzufügen und die Masse mit Salz und Muskatnuss abschmecken. Salzwasser zum Kochen bringen und vom Teig kleine Klöße abstechen. Im siedenden Wasser etwa 5 Minuten ziehen lassen. Herausnehmen und abtropfen lassen.

Die Spargelstücke mit der Gemüsebrühe pürieren und die Sahne unterrühren. Mit Salz abschmecken. Spargelköpfe hineinrühren und mit den Kerbelklößchen servieren.

Spargelcremesuppe
mit Crème double

Den Spargel waschen, schälen und die Enden abschneiden. Spargelschalen und -enden mit etwa 1 l Salzwasser und etwas Zucker 10 Minuten köcheln, dann durch ein Sieb passieren.

Spargel in 5 cm lange Stücke schneiden und im Spargelfond bissfest garen. Dann abgießen, den Sud auffangen. Spargelspitzen beiseitestellen. Restlichen Spargel mit dem Zitronensaft pürieren.

Das Spargelpüree mit dem Fond mischen und aufkochen. Die Crème double unterrühren und die Suppe mit Salz, Pfeffer und Zucker abschmecken. Die Spargelspitzen dekorativ zur Suppe reichen. Spargelcremesuppe mit Kerbel bestreut servieren.

Statt der Spargelspitzen können Sie auch Avocadostücke, gebratene Pilze oder Muscheln dazu reichen und statt weißem Spargel grünen verwenden.

Für 4 Portionen
2 kg weißer Spargel
Salz
Zucker
1 El Zitronensaft
3 El Crème double
Pfeffer
2 El frisch gehackter Kerbel

Zubereitungszeit:
ca. 45 Minuten
(plus Gar- und Kochzeit)
Pro Portion ca. 117 kcal/491 kJ
10 g E, 3 g F, 12 g KH

Spargelcremesuppe mit Avocado

Spargelcremesuppe mit Mu-Err-Pilzen

Spargelcremesuppe mit Muscheln

Spargelsuppe
mit Artischocken

Für 4 Portionen
je 250 g grüner und weißer Spargel
1,5 l Gemüsebrühe
1/2 Tl gemahlener Koriander
8 kleine Artischocken
12 gekochte Scampi
Salz, Pfeffer
2 El Traubenkernöl
1 El Korianderblätter

Zubereitungszeit:
ca. 30 Minuten (plus Garzeit)
Pro Portion ca. 117 kcal/491 kJ
9 g E, 6 g F, 8 g KH

Den Spargel waschen und schälen, grünen Spargel nur im unteren Drittel schälen. Die holzigen Enden abschneiden. Spargelstangen in etwa 3 cm lange Stücke schneiden und in 1 l Gemüsebrühe bissfest garen.

Restliche Brühe in einen zweiten Topf geben und mit gemahlenem Koriander würzen. Die Artischocken putzen, vom Stielansatz und äußeren Blätter befreien und vierteln. Artischocken in der Brühe etwa 6 Minuten garen. Anschließend herausnehmen und das Heu entfernen.

Artischocken und Scampi in der Suppe erhitzen, mit Salz und Pfeffer abschmecken, Öl dazugeben und mit Koriander garniert servieren.

Spargel-Romanesco-Suppe
mit Zuckerschoten

Für 4 Portionen
300 g grüner Spargel
250 g Romanesco
250 g Zuckerschoten
1 l Hühnerbrühe
Salz, Pfeffer
100 g Crème fraîche

Zubereitungszeit:
ca. 25 Minuten
(plus Garzeit)
Pro Portion ca. 175 kcal/736 kJ
10 g E, 9 g F, 13 g KH

Den Spargel waschen, das holzige Ende entfernen, im unteren Drittel schälen und in kleine Stücke schneiden. Romanesco putzen und waschen. Die Röschen zerteilen. Zuckerschoten putzen, waschen und abtropfen lassen.

Die Brühe aufkochen. Das Gemüse hineingeben und 8 bis 10 Minuten darin garen. Etwas Gemüse zur Dekoration herausnehmen. Restliches Gemüse in der Suppe pürieren und mit Salz und Pfeffer abschmecken. Gemüse wieder in die Suppe geben, portionieren und mit je einem Klecks Crème fraîche servieren.

Glasnudelsuppe mit Wildspargel

Für 4 Portionen
20 g getrocknete Mu-Err-Pilze
40 g Glasnudeln
500 g Wildspargel
2 Schalotten
200 g Hähnchenbrustfilet
100 g Bambussprossen (aus dem Glas)
800 ml Geflügelbrühe
2 cm frisch geriebener Ingwer
1 Tl Sesamöl, 2 El Sojasauce
3 El Saké (Reiswein)
Salz, Pfeffer

Zubereitungszeit:
ca. 35 Minuten
(plus Einweich-, Schmor- und Kochzeit)
Pro Portion ca. 115 kcal/483 kJ
10 g E, 2 g F, 7 g KH

Pilze einweichen. Glasnudeln mit kochendem Wasser übergießen, 5 Minuten ziehen lassen und dann abgießen. Spargel waschen, putzen und klein schneiden. Schalotten schälen und hacken.

Hähnchenfleisch waschen, trocken tupfen und in Streifen schneiden. Öl in einer Pfanne erhitzen und die Hähnchenstreifen darin 3 Minuten braten. Schalotten und Spargel zugeben und weitere 3 Minuten braten. Bambussprossen in Stücke schneiden.

Die Brühe in einem Topf erhitzen. Pfanneninhalt, Ingwer, Bambussprossen, abgetropfte und zerkleinerte Pilze hinzufügen und alles etwa 15 Minuten köcheln. Glasnudeln hineingeben und die Suppe mit Sojasauce, Sake, Salz und Pfeffer abschmecken.

Scharfe Spargelsuppe mit Garnelen

Für 4 Portionen
1/2 Bund Frühlingszwiebeln
1 Knoblauchzehe
1 Chilischote
1/2 Bund Zitronengras
5 Zitronenblätter
500 g grüner Spargel
2 El Öl
50 g frisch geriebener Ingwer
800 ml Gemüsebrühe
1 unbehandelte Limette, Salz
400 g gekochte Garnelen

Zubereitungszeit:
ca. 40 Minuten
(plus Schmor- und Kochzeit)
Pro Portion ca. 209 kcal/876 kJ
27 g E, 6 g F, 9 g KH

Die Frühlingszwiebeln putzen, waschen und hacken. Knoblauch schälen und hacken, Chilischote putzen, waschen, entkernen und fein würfeln. Zitronengras und -blätter waschen, trocken schütteln und hacken. Spargel waschen, im unteren Drittel schälen und die holzigen Enden abschneiden. Spargelstangen in etwa 3 cm lange Stücke schneiden.

Das Öl in einer Pfanne erhitzen und Zitronengras, -blätter, Ingwer und Knoblauch darin andünsten. Dann die Spargelschalen und -enden hinzufügen und die Brühe angießen. Alles etwa 20 Minuten köcheln. Dann die Suppe durch ein Sieb passieren.

Suppe zurück in einen Topf geben und Spargel, Frühlingszwiebeln und Chili hinzufügen. Limette heiß waschen, in Scheiben schneiden und in die Suppe geben. Alles 10 Minuten köcheln. Zuletzt die Garnelen unterrühren und 3 Minuten erhitzen. Suppe mit Salz abschmecken und servieren.

Badischer Spargeleintopf
mit Hackfleisch

Für 4 Portionen
500 g weißer Spargel
500 g Kartoffeln
1 altbackenes Brötchen
30 g Butter oder Margarine
Salz
1 Prise Zucker
300 g gemischtes Hackfleisch
1 Ei
300 g TK-Erbsen
125 ml Sahne
2 Eigelb
1/2 Bund frisch gehackte, glatte Petersilie

Zubereitungszeit:
ca. 40 Minuten
(plus Dünst- und Garzeit)
Pro Portion ca. 430 kcal/1806 k
17 g E, 22 g F, 41 g KH

Spargel waschen, schälen, holzige Enden entfernen und die Spargelstangen in Stücke schneiden. Die Schalen in 500 ml Wasser 15 Minuten köcheln. Kartoffeln waschen, schälen und würfeln. Das Brötchen einweichen.

Butter in einem Topf schmelzen und Spargel sowie Kartoffeln darin unter Rühren andünsten. Spargelwasser durch ein feines Sieb dazugießen. Mit Salz und Zucker würzen und 10 Minuten garen.

Das Hackfleisch mit Ei und ausgedrücktem Brötchen mischen und würzen. Mit den Händen kleine Klößchen formen und diese in die Suppe geben. Weitere 10 Minuten garen. Dann die Erbsen unaufgetaut dazugeben und nochmals 10 Minuten garen.

Die Sahne mit dem Eigelb verrühren und den Eintopf damit legieren. Nicht mehr kochen lassen. Mit Petersilie garniert servieren.

Süßkartoffelcreme
mit Spargel

Die Süßkartoffeln schälen und in kleine Würfel schneiden. Paprika putzen, waschen und würfeln. Schalotten und Knoblauch schälen und fein hacken.

2 El Butter in einem Topf erhitzen und Schalotten mit Knoblauch darin andünsten. Paprikawürfel und Zucker hinzufügen und diesen unter Rühren schmelzen lassen. Nun Kartoffeln und Gemüsebrühe zugeben. Chili putzen, waschen und entkernen. Halbieren und mit dem Lorbeerblatt in die Suppe geben. Alles etwa 20 Minuten köcheln.

Spargel waschen, schälen und holzige Enden abschneiden. Spargelstangen schräg in dünne Scheiben schneiden. Nach der Garzeit Chili und Lorbeer aus der Suppe nehmen. Etwas Gemüse beiseitelegen. Restliche Suppe pürieren.

Restliche Butter in einer Pfanne erhitzen und die Spargelscheiben darin knusprig braten. Auf Küchenpapier abtropfen lassen und salzen. Suppe mit Salz, Pfeffer und Essig abschmecken und mit dem Gemüse und den Spargelscheiben servieren.

Für 4 Portionen

500 g Süßkartoffeln
2 rote Paprikaschoten
2 Schalotten
1 Knoblauchzehe
4 El Butter
1 El brauner Zucker
600 ml Gemüsebrühe
1 rote Chilischote
1 Lorbeerblatt
8 Stangen weißer Spargel
Salz, Pfeffer
1 El Aceto Balsamico

Zubereitungszeit:
ca. 30 Minuten
(plus Gar- und Bratzeit)
Pro Portion ca. 221 kcal/927 kJ
4 g E, 6 g F, 37 g KH

Spargelsuppe mit Lachs

Für 4 Portionen

600 g weißer Spargel
1 l Hühnerbrühe
2 Frühlingszwiebeln
200 g Lachsfilet
2 El Öl
100 ml Sahne
Salz, Pfeffer
1 El Zitronensaft

Zubereitungszeit:
ca. 30 Minuten
(plus Gar- und Bratzeit)
Pro Portion ca. 233 kcal/980 kJ
17 g E, 15 g F, 9 g KH

Den Spargel waschen, schälen, die Enden entfernen. Spargelstangen in 3 cm große Stücke schneiden, die Spitzen beiseitelegen. Die Hühnerbrühe aufkochen und die Spargelstücke darin bissfest garen.

Die Frühlingszwiebeln putzen, waschen und in dünne Ringe schneiden. Das Lachsfilet in Streifen schneiden. Öl in einer Pfanne erhitzen, die Lachsstreifen darin braten und auf Küchenpapier abtropfen lassen.

Die Spargelstücke in der Brühe pürieren und die Sahne unterrühren. Spargelspitzen in die Suppe geben und 5 Minuten darin ziehen lassen. Suppe mit Salz, Pfeffer und Zitronensaft abschmecken. Lachsstücke in die Suppe geben, erhitzen und mit Frühlingszwiebeln garniert servieren.

Spargelsuppe mit Putenbrust

Für 4 Portionen

600 g weißer Spargel
1 l Hühnerbrühe
200 g Putenbrustfilet
2 El Öl, 100 ml Sahne
Salz, Pfeffer
1 El Zitronensaft
1/2 Bund frisch gehackter Kerbel

Zubereitungszeit:
ca. 35 Minuten
(plus Gar- und Bratzeit)
Pro Portion ca. 270 kcal/1134 kJ
18 g E, 19 g F, 8 g KH

Die Suppe wie oben beschrieben zubereiten. Das Putenbrustfilet in dünne Streifen schneiden. Im heißen Öl knusprig braten und auf Küchenpapier abtropfen lassen, dann ziehharmonikaartig auf Holzstäbchen stecken.

Die Suppe mit den Putenbruststreifen und mit Kerbel garniert servieren.

Salate mit Spargel

Spargel-Friséesalat
mit Kirschtomaten

Für 4 Portionen
1/2 Friséesalat
350 g grüner Spargel
Salz, 1 Prise Zucker
100 g Kirschtomaten
1 Knoblauchzehe
2 El Sonnenblumenkerne
1 El Butter
6 El Balsamessig
Saft von 1 Orange
1 El Honig
6 El Olivenöl
Pfeffer
Blätterteiggebäck nach Belieben

Zubereitungszeit:
ca. 30 Minuten (plus Garzeit)
Pro Portion ca. 135 kcal/568 kJ
3 g E, 11 g F, 6 g KH

Salat putzen, waschen und trocken schleudern. Die Salatblätter in kleine Stücke zupfen und auf Gläser verteilen. Spargel waschen und im unteren Drittel schälen, Enden abschneiden. Spargelstangen in etwa 3 cm lange Stücke schneiden. In kochendem Salzwasser mit einer Prise Zucker bissfest garen. Abgießen und abtropfen lassen.

Tomaten waschen und halbieren. Mit den Spargelstangen auf den Salatblättern verteilen. Knoblauch schälen und fein hacken. Mit den Sonnenblumenkernen in der heißen Butter braten.

Aus Essig, Orangensaft, Honig und Olivenöl ein Dressing bereiten und mit Salz und Pfeffer abschmecken. Das Dressing über den Salat geben. Zuletzt Sonnenblumenkerne und Knoblauch daraufgeben. Nach Belieben mit Blätterteiggebäck servieren.

Spargelsalat grün-weiß
mit Champignons

Für 4 Portionen
250 g weißer Spargel
200 g grüner Spargel
Salz, 1/2 Salatgurke
150 g Champignons
3 El Zitronensaft
1 El mittelscharfer Senf
Pfeffer
Zucker
120 ml Öl

Zubereitungszeit:
ca. 30 Minuten
(plus Blanchierzeit und
Zeit zum Marinieren)
Pro Portion ca. 150 kcal/628 kJ
4 g E, 13 g F, 4 g KH

Den Spargel waschen, schälen (grünen Spargel nur im unteren Drittel schälen) und die Enden abschneiden. Die Spargelstangen schräg in dünne Scheiben schneiden und in kochendem Salzwasser etwa 3 Minuten blanchieren. Gut abtropfen lassen. Die Salatgurke schälen, halbieren, entkernen und in kleine Würfel schneiden. Die Pilze feucht abreiben und blättrig schneiden.

Aus Zitronensaft, Senf, Salz, Pfeffer, 1 Prise Zucker und dem Öl eine Marinade rühren und mit dem Handmixer schaumig schlagen.

Alle Salatzutaten in eine Schüssel geben und mit der Marinade übergießen. Mindestens 30 Minuten ziehen lassen. Dann auf einem aufgeschnittenen Brötchen oder Baguette servieren.

Spargel-Spinat-Salat
mit Sesamöl

Spinat verlesen, putzen, waschen und abtropfen lassen. Spargel waschen, schälen und die Enden abschneiden. Spargel in kochendem Salzwasser mit etwas Zucker bissfest garen, dann abtropfen lassen.

Knoblauch schälen und fein hacken. In einer Schüssel Essig, beide Öle, Knoblauch, Salz und Pfeffer nach Geschmack verrühren.

Spargel und Spinat auf Tellern anrichten und mit der Salatsauce überziehen. Mit der Petersilie bestreuen und mit Paprikastreifen dekoriert servieren.

Für 4 Portionen

200 g junger Spinat
750 g weißer Spargel
Salz, Zucker
1 Knoblauchzehe
2 El Sherryessig
2 Tl Sesamöl
4 El Sonnenblumenöl
Pfeffer
1 El frisch gehackte glatte Petersilie
1/2 rote Paprika in Streifen zum Garnieren

Zubereitungszeit:
ca. 30 Minuten (plus Garzeit)
Pro Portion ca. 121 kcal/508 kJ
5 g E, 8 g F, 6 g KH

Spargel-Wurstsalat
mit Sauerampfer

Spargel waschen, schälen und die Enden abschneiden. Spargel schräg in dünne Scheiben schneiden. Frühlingszwiebeln waschen, putzen und in dünne Ringe schneiden. Die Gurke schälen, entkernen und in Scheiben schneiden. Die Putenwurst von der Pelle befreien und in dünne Streifen schneiden. Das Gemüse und die Wurst in einer Schüssel mischen.

Sauerampfer verlesen, putzen, waschen und grob hacken. Aus den restlichen Zutaten ein Salatdressing bereiten und den Sauerampfer unterheben. Das Dressing mit den Salatzutaten mischen. Die Salatblätter auf Teller verteilen und den Spargel-Wurstsalat dekorativ darauf anrichten.

Für 4 Portionen

750 g weißer Spargel
1 Bund Frühlingszwiebeln
1/2 Salatgurke
300 g Putenfleischwurst
1 Bund Sauerampfer
1 El Olivenöl, 3 El Zitronensaft
1 Tl Zucker, 2 Tl Senf
150 g Crème fraîche
80 g Joghurt, Salz, Pfeffer
4 Salatblätter

Zubereitungszeit:
ca. 40 Minuten
Pro Portion ca. 408 kcal/1712 kJ
17 g E, 34 g F, 9 g KH

Spargelsalat mit Joghurt-Kräuter-Dressing

Für 4 Portionen
750 g grüner Spargel
2 dünne Lauchstangen
je 1 El frisch gehackter Schnittlauch, Kerbel, Petersilie und Basilikum
150 g Joghurt
2 Eigelb
Salz, Pfeffer
Saft von 1 Zitrone
4 El Sonnenblumenöl

Zubereitungszeit:
ca. 30 Minuten (plus Zeit zum Durchziehen)
Pro Portion ca. 162 kcal/681 kJ
8 g E, 11 g F, 8 g KH

Den Spargel waschen, im unteren Drittel schälen und die Enden abschneiden. Spargelstangen schräg in dünne Scheiben schneiden. Den Lauch gründlich waschen, putzen und den weißen Teil in dünne Ringe schneiden.

Die gehackten Kräuter mit Joghurt und Eigelb verquirlen und mit Salz, Pfeffer und Zitronensaft abschmecken. Das Öl in dünnem Strahl unterrühren.

Spargel und Lauchringe mit der Salatsauce mischen und vor dem Servieren 20 Minuten ziehen lassen.

Spargelsalat mit Trüffeln

Für 4 Portionen
800 g Wildspargel
200 g Portulak, 1 Tomate
1/2 Bund Frühlingszwiebeln
4 El Balsamessig
6 El Olivenöl
1 El frisch gehackter Estragon
Salz, Pfeffer, 4 Sommertrüffel

Zubereitungszeit:
ca. 30 Minuten (plus Garzeit)
Pro Portion ca. 81 kcal/342 kJ
6 g E, 3 g F, 7 g KH

Den Spargel putzen und bissfest garen. Die Spitzen in 5 cm Länge abschneiden, restliche Stangen in Scheiben schneiden. Portulak waschen und trocken schütteln, die Tomate waschen, putzen und in Scheiben schneiden. Frühlingszwiebeln waschen, putzen und in Ringe schneiden.

Aus Essig, Öl, Estragon, Salz und Pfeffer ein Dressing bereiten. Trüffel gut putzen, bürsten und in dünne Scheiben hobeln. Mit 2 El Dressing verrühren. Alle Zutaten dekorativ anrichten und mit dem Dressing überziehen.

Grüner Spargel
mit Schmanddressing

Für 4 Portionen
750 g grüner Spargel
Salz
180 g Schmand
2 El Weißwein-Essig
2 El Traubenkernöl
1 El frisch gehackter Estragon
Pfeffer
2 El Kapern aus dem Glas
1 El Butter

Zubereitungszeit:
ca. 40 Minuten
(plus Gar- und Bratzeit)
Pro Portion ca. 195 kcal/817 kJ
5 g E, 16 g F, 7 g KH

Den Spargel waschen, im unteren Drittel schälen und die Enden abschneiden. Den Spargel in kochendem Salzwasser bissfest garen. Dann abgießen und abtropfen lassen. Die Spargelspitzen abschneiden, restlichen Spargel in dünne Scheiben schneiden.

Schmand, Essig und Öl in einer Schüssel schaumig verrühren. Estragon unterheben und mit Salz und Pfeffer würzen. Die Kapern zerdrücken und hinzufügen.

Butter in einer Pfanne erhitzen und die Spargelspitzen darin andünsten. Restlichen Spargel mit der Vinaigrette überziehen. Alles dekorativ anrichten und servieren.

Spargelsalat mit Pilzen

Für 4 Portionen
je 400 g grüner und
weißer Spargel
Salz, 1 Prise Zucker
200 g Steinpilzchampignons
1/2 Bund Frühlingszwiebeln
je 3 El Olivenöl, Balsamessig
und Pfeffer
je 2 El frisch gehackte Petersilie
und rosa Pfefferkörner

Zubereitungszeit:
ca. 40 Minuten
(plus Garzeit)
Pro Portion ca. 93 kcal/389 kJ
6 g E, 4 g F, 7 g KH

Den Spargel waschen, schälen (grünen Spargel nur im unteren Drittel schälen) und die Enden abschneiden. Spargelstangen in etwa 5 cm lange Stücke schneiden und in kochendem Salzwasser mit etwas Zucker bissfest garen. Dann abgießen und abtropfen lassen.

Die Pilze putzen, feucht abreiben und in dünne Scheiben schneiden. Die Frühlingszwiebeln putzen, waschen und in dünne Ringe schneiden.

Aus Frühlingszwiebeln, Essig und Öl ein Dressing rühren und mit Salz und Pfeffer würzen. Spargelstücke und Pilze anrichten und mit der Salatsauce übergießen. Mit Petersilie und Pfefferkörnern bestreuen und servieren.

Spargelsalat mit Forellenfilet

Für 4 Portionen
je 400 g grüner und weißer Spargel, Salz, 1 Prise Zucker
1/2 Bund Frühlingszwiebeln
2 El frisch gehackter Dill
4 El Rapsöl, 4 El Himbeeressig
1 Tl Senf, gemahlener Pfeffer
300 g geräuchertes Forellenfilet

Zubereitungszeit:
ca. 30 Minuten
(plus Gar- und Marinierzeit)
Pro Portion ca. 178 kcal/748 kJ
22 g E, 7 g F, 5 g KH

Den Spargel wie oben beschrieben zubereiten. Frühlingszwiebeln putzen, waschen und in Ringe schneiden.

Aus den Dressingzutaten eine Salatsauce bereiten und mit den abgekühlten Spargelstücken mischen.

Das Forellenfilet in mundgerechte Stücke schneiden und zuletzt unter den Salat heben. Alles 30 Minuten ziehen lassen, dann servieren.

Kartoffelsalat
mit Spargel

Kartoffeln waschen und in kochendem Salzwasser bissfest garen. Dann abgießen und etwas abkühlen lassen. Minze waschen, trocken schütteln und Blättchen fein hacken. Den Kreuzkümmel in einer Pfanne ohne Fett rösten, bis er duftet.

Spargel waschen, im unteren Drittel schälen und die Enden abschneiden. Spargel in kochendem Salzwasser bissfest garen, dann abgießen, abtropfen lassen und längs in Scheiben schneiden.

Kartoffeln pellen und in Scheiben schneiden. Mit den Spargelstücken auf Tellern anrichten. Zitronensaft und Olivenöl mischen und mit Salz und Pfeffer abschmecken. Minze und Kreuzkümmel unterrühren. Mit Paprikastreifen dekorieren. Das Dressing über das Gemüse geben und noch warm servieren.

Für 4 Portionen

600 g Kartoffeln
Salz
1/2 Bund Minze
1 El Kreuzkümmel
500 g grüner Spargel
2 El Zitronensaft
6 El Olivenöl
Pfeffer
1/2 Paprika in Streifen zur Dekoration

Zubereitungszeit:
ca. 40 Minuten (plus Garzeit)
Pro Portion ca. 191 kcal/801 kJ
6 g E, 6 g F, 27 g KH

Spargel-Rucola-Salat
mit Parmesan

Spargel waschen, schälen und die Enden abschneiden. Spargel in kochendem Salzwasser bissfest garen. Dann abgießen und abtropfen lassen.

Rucola waschen, trocken schleudern und verlesen. Essig mit Zucker, Salz, Pfeffer und Öl verrühren.

Spargel und Rucola auf Tellern anrichten und mit der Salatsauce übergießen. Den Parmesan in dünne Scheiben hobeln und darübergeben.

Für 4 Portionen

750 g weißer Spargel
Salz
2 Bund Rucola
3 El Aceto Balsamico
1 Tl Zucker
roter Pfeffer
4 El Olivenöl
100 g Parmesan

Zubereitungszeit:
ca. 30 Minuten (plus Garzeit)
Pro Portion ca. 199 kcal/836 kJ
12 g E, 14 g F, 6 g KH

Spargelsalat
mit Muscheln

Für 4 Portionen
4 Jakobsmuscheln
2 El Limettensaft
6 El Olivenöl
Salz, Pfeffer
600 g grüner Spargel
1 Bund frisch geschnittener Schnittlauch
1 Schalotte

Zubereitungszeit:
ca. 40 Minuten
(plus Gar- und Marinierzeit)
Pro Portion ca. 140 kcal/591 kJ
8 g E, 9 g F, 7 g KH

Das Muschelfleisch waschen, trocken tupfen, von beiden Seiten 2 Minuten grillen und auf Teller verteilen. 1 El Limettensaft mit 3 El Olivenöl verquirlen und mit Salz und Pfeffer würzen. Diese Marinade über die Muscheln gießen und die Muscheln einige Zeit ziehen lassen.

Während die Muscheln marinieren, den Spargel waschen, im unteren Drittel schälen, die Enden abschneiden und die Stangen schräg in dünne Stücke schneiden.

Restlicher Limettensaft mit restlichem Olivenöl und Schnittlauch vermischen. Schalotte schälen in Ringe schneiden und unter das Dressing heben. Den Spargel unter das Dressing rühren. Spargelsalat mit den marinierten Muscheln servieren.

Nudelsalat
mit Spargel

Für 4 Portionen
200 g Spaghetti
Salz, Olivenöl
je 250 g grüner und weißer Spargel
2 Möhren
1 Bund Basilikum
250 g Quark
2 El Sahne
1 El Weißwein-Essig
Pfeffer

Zubereitungszeit:
ca. 20 Minuten
(plus Gar- und Marinierzeit)
Pro Portion ca. 295 kcal/1239 kJ
18 g E, 5 g F, 43 g KH

Spaghetti in kochendem Salzwasser bissfest garen. Auf einem Sieb abtropfen lassen. Etwas Öl untermischen. Spargel waschen, schälen und die Enden abschneiden. Die Stangen in 10 cm lange Stücke schneiden. Möhren schälen, längs vierteln und in 10 cm lange Stifte schneiden. Beide Gemüse in kochendem Salzwasser kurz blanchieren.

Basilikumblätter abzupfen, waschen, trocknen und fein hacken. Quark mit Basilikum, Sahne, 2 El Öl, Essig, Salz und Pfeffer abschmecken.

Die Spaghetti mit der Salatsauce mischen und mit einer Gabel zu Nestern drehen. Spargel und Möhren darauf verteilen. Mit einem Teelöffel kleine Quarknocken abstechen und zum Nudelsalat servieren.

Spargelsalat
mit Erdbeeren

Spargel waschen, schälen, die Enden abschneiden und die Stangen in etwa 3 cm lange Stücke schneiden. In kochendem Salzwasser bissfest garen. Abgießen und abkühlen lassen.

Die Erdbeeren waschen, trocken tupfen, putzen und vierteln. Den Orangensaft mit Crème fraîche, Essig und Öl verrühren und mit Salz und Pfeffer abschmecken.

Spargelstücke und Erdbeeren in einer Schüssel mischen und mit der Salatsauce überziehen. Mit grünem Pfeffer garniert servieren.

Für 4 Portionen

600 g weißer Spargel
Salz
250 g Erdbeeren
3 El Orangensaft
100 g Crème fraîche
2 El Estragon-Essig
2 El Sonnenblumenöl
Pfeffer
1 Tl grüne Pfefferkörner

Zubereitungszeit:
ca. 30 Minuten
(plus Garzeit)
Pro Portion ca. 143 kcal/600 kJ
4 g E, 4 g F, 5 g KH

Wildspargel
mit Kirschtomaten

Für 4 Portionen
600 g Wildspargel
200 g Kirschtomaten
1 Bund Dill
Salz
3 El Olivenöl
3 El Weißwein-Essig
Pfeffer
4 große Salatblätter

Zubereitungszeit:
ca. 20 Minuten
(plus Garzeit)
Pro Portion ca. 73 kcal/307 kJ
4 g E, 4 g F, 5 g KH

Den Wildspargel waschen, Enden abschneiden und die Stangen in 3 cm lange Stücke schneiden. Die Kirschtomaten waschen, trocken tupfen und halbieren. Dill waschen, trocken schleudern und fein hacken.

Spargelstücke in kochendem Salzwasser etwa 6 Minuten garen, dann abgießen und gut abtropfen lassen. Mit den Kirschtomaten in einer Schüssel mischen.

Öl und Essig miteinander mischen und mit Salz und Pfeffer würzen. Die Salatsauce über das Gemüse geben und den Dill unterheben. Auf Salatblättern anrichten.

Spargelsalat
mit Ricottamousse

Quark gut ausdrücken. Schalotte schälen und fein hacken. Kresse abschneiden. Quark mit Kresse, Kerbel, Schnittlauch, Schalotte und Ricotta mischen und mit Salz und Pfeffer würzen.

Eiweiß steif schlagen. Crème fraîche schaumig schlagen und erst mit Eiweiß, dann mit der Ricottamasse mischen. Mit Zitronensaft, Salz und Pfeffer abschmecken und kalt stellen.

Spargel waschen, schälen, die Enden abschneiden und die Stangen in kochendem Salzwasser bissfest garen. Anschließend abgießen und abkühlen lassen. Stangen in Stücke schneiden.

Aus Essig, Öl, Salz und Pfeffer ein Dressing bereiten und den Spargel damit überziehen. Von der Ricottamousse mit einem Löffel Nocken abstechen und zum Spargelsalat reichen. Zucker in einer Pfanne karamellisieren lassen, Estragon darin wenden, herausnehmen und erkalten lassen. nach Belieben mit Estragon garnieren und servieren. Das Ricottamousse kann auch mit Krabben serviert werden oder mit gegrillter, enthäuteter und pürierter Tomate oder Paprika aromatisiert werden.

Für 4 Portionen
300 g Sahnequark
1 Schalotte
1 Kästchen Kresse
je 1/2 Bund frisch gehackter Kerbel, Estragon und Schnittlauch
200 g Ricotta
Salz
Pfeffer
1 Eiweiß
100 g Crème fraîche
Saft von 1 Zitrone
800 g gemischter Spargel
3 El Weißwein-Essig
3 El Olivenöl
2 El Zucker
Estragon zum Garnieren

Zubereitungszeit:
ca. 40 Minuten
(plus Gar- und Kühlzeit)
Pro Portion ca. 300 kcal/1260 kJ
22 g E, 19 g F, 10 g KH

Spargelsalat mit Krabben und Ricottamousse

Spargelsalat mit Tomatenmousse

Spargelsalat mit Paprikamousse

Hauptgerichte mit Spargel

Spargel mit Sprossen-Pilz-Ragout

Für 4 Portionen
1,5 kg weißer Spargel
Salz, 1 El Butter
2 El Orangensaft
350 g Pfifferlinge
1 El Öl
250 g Mungobohnensprossen
6 El Crème fraîche
je 2 El frisch gehackter Dill, Schnittlauch und Petersilie
Pfeffer

Zubereitungszeit:
ca. 30 Minuten (plus Garzeit)
Pro Portion ca. 178 kcal/748 kJ
11 g E, 10 g F, 10 g KH

Den Spargel waschen, schälen, die Enden abschneiden und die Stangen in kochendem Salzwasser mit der Butter und dem Orangensaft bissfest garen. Dann herausnehmen, abtropfen lassen und warm stellen. Kochsud aufbewahren.

Die Pfifferlinge putzen, waschen und trocken tupfen. Öl in einer Pfanne erhitzen und die Pilze darin kurz andünsten. 250 ml Spargelfond zugeben und aufkochen lassen. Die Sprossen waschen und zu den Pilzen geben. Alles etwa 5 Minuten köcheln. Zuletzt die Crème fraîche mit den Kräutern in das Gemüseragout rühren und mit Salz und Pfeffer abschmecken. Spargel mit Gemüse anrichten, dazu Kartoffeln reichen.

Spargel mit neuen Kartoffeln

Für 4 Portionen
2 kg Spargel
Salz
120 g Butter
Zucker
750 g neue Kartoffeln
1/2 Bund Schnittlauch in Röllchen
1 El Pfefferkörner

Zubereitungszeit:
ca. 30 Minuten
(plus Garzeit)
Pro Portion ca. 250 kcal/1050 kJ
13 g E, 3 g F, 41 g KH

Den Spargel waschen, schälen, die Enden abschneiden und die Stangen in kochendem Salzwasser mit 20 g Butter und etwas Zucker bissfest garen. Herausnehmen, abtropfen lassen und im Ofen warm stellen.

Die Kartoffeln gründlich bürsten, waschen und in der Schale in kochendem Wasser etwa 20 Minuten garen. Abgießen und ausdämpfen lassen. Die restliche Butter zerlassen, Pfeffer im Mörser zerstoßen und zusammen mit dem Schnittlauch in die Butter rühren. Mit Kartoffeln und Spargel servieren.

Spargelquiche
mit Schnittlauch

Aus Mehl, Zucker, Salz, Butter und 1 Ei einen Mürbeteig zubereiten, in Folie wickeln und für 30 Minuten kalt stellen.

Den Spargel waschen, schälen und die holzigen Enden entfernen. In kochendem Salzwasser bissfest garen. Herausnehmen, abtropfen lassen und in Stücke schneiden. Den Backofen auf 200 °C (Umluft 180 °C) vorheizen.

Eine Springform (Ø 24 cm) einfetten und mit dem ausgerollten Teig auslegen. Etwa 2 cm Rand stehen lassen. Die Spargelstücke darauflegen. Restliche Eier, Sahne, Milch verquirlen und mit Salz, Pfeffer, Parmesan und Schnittlauch würzen. Über den Spargel gießen und den Käse darüberstreuen. Im Ofen etwa 30 Minuten backen.

Spargelquiche mit dem Schnittlauch bestreut servieren. Wer möchte, kann die Quiche auch mit Schinken oder Lachs füllen und statt Schnittlauch, Kresse verwenden.

Für 12 Stücke
300 g Mehl
1 Tl Zucker
1 Tl Salz
200 g Butter
4 Eier
800 g weißer Spargel
100 ml Sahne
150 ml Milch
Salz
Pfeffer
50 g frisch geriebener Parmesan
2 El frisch geschnittener Schnittlauch
Fett für die Form

Zubereitungszeit:
ca. 40 Minuten
(plus Gar- und Backzeit und Zeit zum Ruhen)
Pro Stück ca. 243 kcal/1021 kJ
8 g E, 14 g F, 2 g KH

Spargelquiche mit Schinken

Spargelquiche mit Lachs

Spargelquiche mit Kresse

Leipziger Allerlei
mit Worcestersauce

Für 4 Portionen
400 g weißer Spargel
200 g grüne Bohnen
100 g Zuckerschoten
200 g Möhren
350 g Blumenkohl, Salz
je 100 g Champignons
und Pfifferlinge
60 g Butter, 2 El Mehl
Pfeffer, 2 Eigelb
100 ml Sahne
Worcestersauce
2 El frisch gehackter Kerbel

Zubereitungszeit:
ca. 40 Minuten
(plus Gar- und Kochzeit)
Pro Portion ca. 230 kcal/964 kJ
10 g E, 6 g F, 11 g KH

Spargel waschen, schälen, Enden abschneiden und in etwa 4 cm lange Stücke schneiden. Bohnen putzen, waschen und ebenfalls in Stücke teilen. Zuckerschoten putzen und waschen. Möhren schälen und in Scheiben schneiden, den Blumenkohl in Röschen zerteilen und waschen. Das Gemüse getrennt in kochendem Salzwasser blanchieren, sodass es noch Biss hat. Kochwasser anschließend auffangen. Gemüse kalt abschrecken.

Pilze putzen, waschen, trocken tupfen und klein schneiden. 3 El Butter in einem Topf erhitzen und die Pilze darin andünsten. Pilze herausnehmen und restliche Butter im Topf schmelzen. Mit dem Mehl eine Mehlschwitze herstellen und mit Kochbrühe ablöschen, bis eine cremige Sauce entsteht. Mit Salz und Pfeffer abschmecken. Gemüse und Pilze in die Sauce geben. Eigelb mit der Sahne verquirlen, in die nicht mehr kochende Sauce rühren und alles mit Worcestersauce abschmecken. Kerbel einstreuen. Dazu Reis oder Kartoffeln reichen.

Spargel im Bierteig
mit Kräutercreme

Für 4 Portionen
750 g weißer Spargel
Salz
125 g Mehl
150 ml helles Bier
1 Ei, 1 El Öl, 2 Eigelb
1 Tl Senf
je 3 El Keimöl und Magerquark
1 Knoblauchzehe
5 El frisch gehackte gemischte
Kräuter (Petersilie, Dill, Schnittlauch)
Pfeffer, Zitronensaft
Frittieröl
Paprikapulver zum Bestäuben

Zubereitungszeit:
ca. 30 Minuten
(plus Gar- und Frittierzeit)
Pro Portion ca. 188 kcal/790 kJ
10 g E, 2 g F, 28 g KH

Spargel waschen, schälen, holzige Enden abschneiden und die Stangen in etwa 5 cm lange Stücke schneiden. In kochendem Salzwasser bissfest garen. Herausnehmen und abtropfen lassen. Auf Küchenpapier trocknen. Mehl und Bier verrühren. Das Ei trennen, das Eigelb hinzufügen und mit Salz würzen. Zuletzt das Öl hineinschlagen. Den Teig etwa 30 Minuten ruhen lassen. Das Eiweiß steif schlagen und unter den Teig heben.

Für die Kräutercreme das restliche Eigelb mit dem Senf verrühren, nach und nach das Öl und den Magerquark unterrühren, bis eine sämige Mayonnaise entstanden ist. Knoblauch schälen und fein hacken. Knoblauch und gehackte Kräuter unter die Creme ziehen und alles mit Knoblauch, Pfeffer und Zitronensaft würzen. Bis zum Servieren kühlen.

Das Frittieröl in einem Topf oder der Fritteuse auf 180 °C erhitzen. Die Spargelstücke in den Bierteig tauchen und im heißen Fett goldgelb ausbacken. Mit Paprikapulver bestreuen und mit Kräutercreme servieren.

Münsterländer Spargelteller
mit Vollkornbrot

Spargel waschen, im unteren Drittel schälen, Enden abschneiden. Spargel in kochendem Salzwasser mit Zucker bissfest garen. Herausnehmen und abtropfen lassen. 150 ml Kochsud abmessen.

Zitronensaft mit Öl, Salz, Pfeffer und Spargelkochwasser mischen. Kerbel waschen, trocken schütteln, die Blätter abzupfen und hacken. Unter die Marinade mischen. Den Spargel in die Marinade legen und 20 Minuten ziehen lassen.

Schinken und Käse würfeln, Vollkornbrot zwischen den Händen zerbröseln. Spargel mit Schinken, Käse und Vollkornbrot bestreuen und servieren. Dazu Brot und Butter reichen.

Für 4 Portionen
1 kg grüner Spargel
Salz
1 Tl Zucker
4 El Zitronensaft
4 El Olivenöl
Pfeffer
1/2 Bund Kerbel
100 g gekochter Schinken
100 g Emmentaler
200 g Vollkornbrot

Zubereitungszeit:
ca. 30 Minuten
(plus Gar- und Marinierzeit)
Pro Portion ca. 290 kcal/1218 kJ
20 g E, 12 g F, 25 g KH

Spargelrisotto mit Kräutern

Für 4 Portionen
500 g weißer Spargel
Salz, 20 g Butter
1 Tl Zucker
2 Schalotten, 3 El Öl
200 g Arborioreis
1 Lorbeerblatt
50 ml Weißwein
100 g Erbsen
2 El frisch gehackte Petersilie
2 El frisch gehackter Kerbel
20 g frisch geriebener Parmesan

Zubereitungszeit:
ca. 30 Minuten
(plus Gar- und Kochzeit)
Pro Portion ca. 313 kcal/1313 kJ
9 g E, 9 g F, 46 g KH

Den Spargel waschen, schälen, die Enden abschneiden. Schalen und Abschnitte in etwa 1,5 l kochendem Salzwasser mit 10 g Butter und dem Zucker aufkochen und etwa 30 Minuten ziehen lassen, dann herausnehmen. Spargel in etwa 4 cm lange Stücke schneiden und in dem Kochwasser etwa 5 Minuten garen. Spargelstücke herausnehmen, 650 ml Kochwasser abmessen.

Die Schalotten schälen und fein hacken. Das Öl in einem Topf erhitzen und die Schalotten darin andünsten. Den Reis mit Lorbeer hinzufügen und unter Rühren ausdünsten. Wein und 200 ml Spargelfond angießen und so lange rühren, bis der Reis die Flüssigkeit aufgesogen hat. Nach und nach restliche Flüssigkeit zugeben. Nach 10 Minuten Garzeit Spargel und Erbsen unterheben.

Wenn alle Flüssigkeit aufgebraucht ist, Kräuter und restliche Butter unter das Risotto rühren. Mit Salz und Pfeffer abschmecken und mit Parmesan bestreuen. Sofort servieren. Auch als Beilage zu Fleisch oder Fisch geeignet.

Spargelrisotto mit Scampi

Für 4 Portionen
500 g grüner Spargel
Salz, 20 g Butter, 1 Tl Zucker
2 Schalotten, 2 El Olivenöl,
200 g Arborioreis
125 ml Weißwein, Pfeffer,
20 Scampi, 1 Tl frische Estragonblätter, 1 El Zitronensaft, 30 g frisch geriebener Parmesan,
1 El frisch gehackter Dill

Zubereitungszeit:
ca. 30 Minuten
(plus Gar- und Kochzeit)
Pro Portion ca. 358 kcal/1501 kJ
9 g E, 14 g F, 44 g KH

Spargel und Risotto wie oben beschrieben zubereiten. Die Scampi aus den Schalen brechen, den Darm entfernen, waschen und trocken tupfen.

Scampi in kochendem Wasser garen, bis sie sich rosa verfärben. Zuletzt unter das Risotto heben. Estragon und Zitronensaft einrühren. Das Risotto mit Parmesan bestreuen und mit Dill servieren.

Grüne Lasagne
mit Crème fraîche

Spargel waschen, das untere Drittel schälen und die Spargelstangen in etwa 4 cm lange Stücke schneiden. Spargel in kochendem Salzwasser mit Zucker etwa 7 Minuten bissfest garen, herausnehmen und abtropfen lassen. Das Kochwasser aufbewahren. Den Backofen auf 200 °C (Umluft 180 °C) vorheizen.

Die Butter in einem Topf zerlassen und mit dem Mehl eine Mehlschwitze herstellen. 500 ml Spargelkochwasser angießen und die Sauce unter Rühren andicken lassen. Mit Salz, Pfeffer und Muskat abschmecken. Die Spargelstücke in die Sauce geben.

Eine Auflaufform (ca. 1 l) einfetten und mit einer Schicht Lasagneblätter auslegen. Darauf Spargel mit Sauce verteilen und mit Lasagneblättern abdecken. Crème fraîche salzen und pfeffern, auf die Lasagne geben und mit Parmesan bestreuen. Im Ofen 20–30 Minuten backen. Die Lasagne vor dem Servieren ca. 10 Minuten ruhen lassen.

Für 4 Portionen
1 kg grüner Spargel
Salz, 1 Tl Zucker
50 g Butter, 50 g Mehl
Pfeffer
1 Tl gemahlene Muskatnuss
12 Lasagneplatten
(ohne Vorkochen)
300 g Crème fraîche
200 g frisch geriebener Parmesan
Fett für die Form

Zubereitungszeit:
ca. 35 Minuten
(plus Gar- und Backzeit)
Pro Portion ca. 608 kcal/2552 kJ
26 g E, 45 g F, 25 g KH

Gemüsenudeln
mit Pesto

Möhren schälen und mit dem Sparschäler in dünne Streifen schneiden. Lauch putzen, waschen, längs halbieren und in dünne Streifen schneiden. Spargel schälen, die Enden abschneiden. Die Spargelstangen halbieren und ebenfalls in dünne Streifen hobeln.

Die Pinienkerne in einer Pfanne ohne Fett rösten. Anschließend herausnehmen. Die Tagliatelle nach Packungsanweisung in Salzwasser bissfest garen. In den letzten Minuten der Garzeit die Gemüsestreifen mitgaren.

Knoblauch schälen und hacken. Die Pinienkerne mit Knoblauch, Kerbel und Olivenöl im Mixer zerkleinern und mit Salz und Pfeffer abschmecken. Nudeln mit Gemüsestreifen abgießen, etwas Pecorino reiben. Mit dem Pesto und Pecorino bestreut servieren.

Für 4 Portionen
2 Möhren, 2 Stangen Lauch
je 250 g grüner und
weißer Spargel
60 g Pinienkerne
500 g Tagliatelle
Salz
1/2 Knoblauchzehe
2 Bund frisch gehackter Kerbel
100 ml Olivenöl, Pfeffer
Pecorino zum Servieren

Zubereitungszeit:
szeit: ca. 40 Minuten
(plus Gar- und Röstzeit)
Pro Portion ca. 605 kcal/2541 k
26 g E, 15 g F, 91 g KH

Auflauf mit Spargel
und Parmesankruste

Für 4 Portionen
1 kg grüner Spargel
1 Schalotte
5 El Butter
Salz
1 Tl Zucker
50 g Parmesan
3 Scheiben Toastbrot
Fett für die Form

Zubereitungszeit:
ca. 30 Minuten
(plus Gar- und Kochzeit)
Pro Portion ca. 160 kcal/670 kJ
10 g E, 6 g F, 15 g KH

Spargel waschen, im unteren Drittel schälen, die Enden abschneiden. Schalotte schälen und fein hacken. Einen flachen Spargelkochtopf mit 2 El Butter einfetten. 6 El Wasser mit einer Prise Salz und Zucker hineingeben. Die Spargelstangen hineinlegen. Alles erhitzen und den Spargel etwa 8 Minuten dünsten. Aus dem Topf heben, abtropfen lassen und in eine gefettete Auflaufform legen. Den Backofengrill auf höchster Stufe vorheizen.

Den Parmesan fein reiben. Das Toastbrot entrinden, im Mixer fein zerkleinern und mit dem Parmesan mischen. Parmesanbrösel über den Spargel streuen, mit restlicher zerlassener Butter beträufeln und unter dem Grill 3 Minuten überbacken.

Gratinierte Maultaschen
mit Spargel

Für 4 Portionen
2 l Fleischbrühe
12 Maultaschen (FP)
125 ml Sahne
6 Eigelb
2 Tl Zitronensaft
1 Tl frischer Dill
Salz, Pfeffer, 100 g Butter
12 Stangen weißer Spargel
2 Tl frisch geschnittene Schnittlauchröllchen
100 g frisch geriebener Gruyère

Zubereitungszeit:
ca. 30 Minuten
(plus Garzeit und Zeit zum Überbacken)
Pro Portion ca. 480 kcal/2016 kJ
27 g E, 30 g F, 26 g KH

Die Fleischbrühe in einem Topf erhitzen und die Maultaschen darin 10 Minuten ziehen lassen. Maultaschen aus der Brühe nehmen und auf 4 feuerfeste Teller verteilen. Brühe aufheben.

Für die Sauce 500 ml Brühe mit der Sahne in einem Topf verrühren. Den Topf ins Wasserbad stellen und Eigelb, Zitronensaft, Dill, etwas Salz und Pfeffer einrühren. Diese Masse so lange schlagen, bis sie anzudicken beginnt, die Masse darf jedoch nicht mehr kochen. Die Butter erwärmen und langsam unter die Creme rühren. Eventuell mit etwas Brühe verdünnen und mit Pfeffer und Salz abschmecken.

Den Spargel schälen, die Enden abschneiden. Die Stangen in Stücke schneiden und in der restlichen Brühe etwa 8 Minuten garen. Backofen auf 225 °C (Umluft 200 °C) vorheizen. Die Spargelstücke auf die Maultaschen legen und mit Sauce begießen. Mit Schnittlauch und Käse bestreuen und im Ofen etwa 15 Minuten überbacken.

Rucola-Spargel-Spaghetti mit Parmesan

Die Spaghetti nach Packungsanweisung in kochendem Salzwasser bissfest garen. Inzwischen die Limetten heiß waschen, abtrocknen und die Schale abreiben. Anschließend auspressen. Limettensaft, -schale und 4 El Öl verrühren. Knoblauch schälen, fein hacken und unterheben. Mit Salz, Pfeffer und Zucker abschmecken.

Den Spargel schälen, die Enden abschneiden. Die Stangen in Stücke schneiden. Den Rucola verlesen, putzen, waschen und trocken schütteln.

Die Spargelstücke in einer Pfanne im restlichen Olivenöl 5 Minuten anbraten. Den Rucola dazugeben und mit Salz und Pfeffer würzen. Die Spaghetti mit der Limettensauce unter den Rucola-Spargel mischen. Mit Salz und Pfeffer abschmecken. Rucola-Spargel-Spaghetti mit Parmesan bestreut servieren.

Für 4 Portionen

400 g Spaghetti
Salz
2 unbehandelte Limetten
12 El Olivenöl
2 Knoblauchzehen
Pfeffer, Zucker
750 g weißer Spargel
3 Bund Rucola
120 g gehobelter Parmesan

Zubereitungszeit:
ca. 40 Minuten
(plus Garzeit)
Pro Portion ca. 575 kcal/2415 kJ
27 g E, 18 g F, 74 g KH

Penne mit grünem Spargel

Den Spargel waschen, unteres Drittel schälen die Enden abschneiden und die Stangen in 3 cm lange Stücke schneiden. Die Chilischote waschen, entkernen und in feine Streifen schneiden.

Das Öl in einer Pfanne erhitzen und die ungeschälte Knoblauchzehe, leicht angedrückt, darin anbraten. Anschließend herausnehmen und entsorgen. Die Spargelstücke in die Pfanne geben und anbraten, mit der Gemüsebrühe ablöschen und bei geringer Temperatur etwa 10 Minuten köcheln lassen. Die Sahne in die Sauce rühren und alles etwas einkochen lassen.

Die Penne nach Packungsanweisung bissfest garen und auf Teller verteilen. Die Spargelsauce mit Chili, Salz und Pfeffer abschmecken und über die Nudeln geben.

Für 4 Portionen

500 g grüner Spargel
1 rote Chilischote
3 El Olivenöl
1 Knoblauchzehe
125 ml Gemüsebrühe
200 ml Sahne
400 g Penne

Zubereitungszeit:
ca. 25 Minuten (plus Garzeit)
Pro Portion ca. 560 kcal/2352 kJ
18 g E, 21 g F, 74 g KH

Spargel mit Sauce Mornay

Für 4 Portionen
1 kg weißer Spargel
Salz, 1 Tl Zucker
1 El Butter
2 Eigelb
75 g frisch geriebener Emmentaler
125 ml Sahne
125 ml Milch
weißer Pfeffer, Salz
2 El Butter

Zubereitungszeit:
ca. 30 Minuten
(plus Gar- und Kochzeit)
Pro Portion ca. 305 kcal/1281 kJ
14 g E, 24 g F, 9 g KH

Den Spargel schälen, die Enden abschneiden. Die Stangen in kochendem Salzwasser mit Zucker und Butter bissfest garen.

Für die Sauce Eigelb und Käse verquirlen. Sahne und Milch erhitzen, mit weißem Pfeffer und Salz würzen und die verquirlten Eigelb bei milder Hitze unterziehen. Unter Rühren so lange erhitzen, bis die Sauce dicklich ist, sie darf dabei nicht kochen. Vom Herd nehmen.

Den Spargel abgießen, abtropfen lassen und auf Tellern anrichten. Mit der Sauce überziehen und mit neuen Kartoffeln servieren.

Spargel mit Frischkäsesauce

Für 4 Portionen
1 kg grüner Spargel
Salz
1 Tl Zucker
1 El Butter
150 g Frischkäse
2 Eigelb
200 ml Sahne
2 Tl Zitronensaft
1 Bund frisch gehacktes Basilikum

Zubereitungszeit:
ca. 40 Minuten
(plus Garzeit)
Pro Portion ca. 395 kcal/1659 kJ
12 g E, 35 g F, 9 g KH

Den Spargel wie oben beschrieben garen.

Für die Sauce Frischkäse mit Eigelb, Sahne und Zitronensaft verrühren. Das Basilikum unterrühren. Den Spargel mit der Sauce begießen und servieren.

Spargel mit Holundercreme

Den Spargel waschen und putzen. Den Wein mit 1 Tl Zucker und den gereinigten Holunderblüten vermischen, in einen Topf geben und zur Hälfte einkochen. 10 Minuten ziehen lassen, dann durch ein Sieb gießen.

Den Spargel in kochendem Salzwasser mit dem restlichen Zucker bissfest garen. Warm stellen.

Holunderwein im heißen Wasserbad mit Eigelb, Salz, Pfeffer, Muskatnuss und einigen Tropfen Zitronensaft schaumig schlagen. Nicht kochen lassen! Den Topf aus dem Wasserbad nehmen und die eiskalte Butter in Stückchen einrühren. Den Spargel mit der Holundercreme servieren.

Für 4 Portionen
1, 2 kg grüner Spargel
125 ml trockener Weißwein
2 El Zucker
4 Holunderblütendolden
2 Eigelb
Salz, Pfeffer
Muskatnuss
Zitronensaft
100 g Butter

Zubereitungszeit:
ca. 40 Minuten
(plus Koch- und Garzeit)
Pro Portion ca. 145 kcal/607 kJ
8 g E, 6 g F, 10 g KH

Spargel mit Mozzarella

Weißen und grünen Spargel putzen und getrennt mit Zucker und 2 Tl Butter im Salzwasser garen. Den Backofen auf 225 °C (Umluft 200 °C) vorheizen.

Spargel in 4 feuerfeste Auflaufformen legen. Die Salbeiblätter waschen, trocken schütteln, halbieren. Den Mozzarella in Scheiben schneiden und mit frisch gemahlenen Pfeffer bestreuen.

Den Spargel mit Schinken belegen und mit der Hälfte vom Salbei und mit Mozzarella bedecken. Überbacken, bis der Käse geschmolzen ist.

Restliche Butter zerlassen, restlichen Salbei darin anbräunen. Mit Zitronensaft abschmecken und über den Spargel geben.

Für 4 Portionen
500 g grüner Spargel
500 g weißer Spargel
2 Tl Zucker
70 g Butter, Salz
30 g Salbeiblätter
400 g Mozzarella
Pfeffer aus der Mühle
8 Scheiben Parmaschinken
1 El Zitronensaft

Zubereitungszeit:
ca. 40 Minuten
(plus Gar-, Back- und Schmorzeit)
Pro Portion ca. 335 kcal/1407 kJ
26 g E, 23 g F, 5 g KH

Spargel mit grüner Sauce

Für 4 Portionen
1 Bund gemischte Kräuter für grüne Sauce
2 Frühlingszwiebeln
2 saure Gurken, 2 Eier
1 El scharfer Senf, 1 El süßer Senf
2 El Weißweinessig
2 El Weinbrand
3 El Öl
150 g Magerjoghurt
150 g Crème fraîche
Salz, Pfeffer
1 kg weißer Spargel
1 El Butter, Zucker

Zubereitungszeit:
ca. 30 Minuten (plus Garzeit)
Pro Portion ca. 263 kcal/1105 kJ
12 g E, 19 g F, 11 g KH

Die Kräuter verlesen, waschen, trocken schütteln und fein hacken. Frühlingszwiebeln waschen, putzen und klein schneiden. Die Gurken ebenfalls würfeln. Die Eier hart kochen. Abkühlen lassen, dann pellen und in kleine Würfel schneiden.

Für die Sauce alle Zutaten bis auf Spargel, Zucker und Butter miteinander mischen und gut verrühren. Die grüne Sauce mit Salz und Pfeffer abschmecken und etwa 30 Minuten kalt stellen.

Den Spargel schälen und die Enden abschneiden. Die Stangen in kochendem Salzwasser mit Zucker und Butter garen. Abgießen und abtropfen lassen. Mit grüner Sauce und neuen Kartoffeln servieren.

Wok-Gemüse mit Spargel

Für 4 Portionen
300 g weißer Spargel
300 g grüner Spargel,
100 g Möhren
100 g Zucchini
100 g Champignons
3 El Erdnussöl
2 El gehackte Erdnüsse
1 El frisch geriebener Ingwer
3 El Honig, Salz, Pfeffer
50 ml helle Sojasauce

Zubereitungszeit:
ca. 40 Minuten (plus Bratzeit)
Pro Portion ca. 101 kcal/425 kJ
6 g E, 4 g F, 11 g KH

Den Spargel schälen (grüne Stangen nur im unteren Drittel schälen), die Enden abschneiden. Möhren schälen, Zucchini waschen und putzen, Champignons feucht abreiben. Das Gemüse in kleine Stücke oder Stifte schneiden.

Das Öl in einem Wok erhitzen. Spargel, Möhren und Zucchini hineingeben und unter Rühren etwa 3 Minuten braten. Pilze und Erdnüsse hinzufügen und alles eine weitere Minute braten.

Zum Schluss den Ingwer mit Honig und Sojasauce in das Gemüse rühren. Mit Salz und Pfeffer abschmecken. Dazu passt Reis.

Gratinierter Spargel
mit Ziegenkäse

Den Spargel schälen, die Enden abschneiden und die Stangen in kochendem Salzwasser mit Zucker und Butter bissfest garen.

Den Backofen auf 225 °C (Umluft 200 °C) vorheizen. Für die Creme den Schmand mit Wein und Eigelb verrühren und mit Salz und Pfeffer würzen. Den Ziegenkäse würfeln und die Hälfte unter die Masse rühren.

Spargelstangen aus dem Topf nehmen und abtropfen lassen. In eine feuerfeste Auflaufform legen und mit der Creme begießen. Restlichen Käse darauf verteilen und im Ofen etwa 15 Minuten überbacken, bis der Käse fein zerlaufen ist. Mit Schnittlauchröllchen und geraspelten Möhren garniert servieren.

Für 4 Portionen
1 kg weißer Spargel
Salz
1 Tl Zucker
1 Tl Butter
250 g Schmand
2 El Weißwein
1 Eigelb
Pfeffer
250 g Ziegenkäse
1/2 Bund frisch geschnittener Schnittlauch
1 El geraspelte Möhren

Zubereitungszeit:
ca. 30 Minuten
(plus Gar- und Backzeit)
Pro Portion ca. 543 kcal/2278 kJ
22 g E, 20 g F, 16 g KH

Überbackener Spargel
auf Zabaione

Für 4 Portionen

750 g weiße Spargelspitzen (ca. 10 cm lang)
1 Ei
3 Eigelb
50 g Wermut
Zitronensaft
Salz, Cayennepfeffer
100 ml Traubenkernöl
2 Bund frisch geschnittener Schnittlauch
Pfeffer

Zubereitungszeit:
ca. 40 Minuten
(plus Garzeit und Zeit zum Überbacken)
Pro Portion ca. 247 kcal/1036 kJ
8 g E, 20 g F, 6 g KH

Spargel waschen und putzen. Die Spargelspitzen etwa 5 Minuten dampfgaren. Spargel aus dem Dampftopf nehmen und warm stellen.

Den Backofen auf 250 °C (Umluft 225 °C) vorheizen. Ei, Eigelb, Wermut und einige Tropfen Zitronensaft in einer Metallschüssel im Wasserbad schaumig schlagen. So lange rühren, bis die Schaumcreme dicklich ist, sie darf jedoch nicht kochen. Mit Salz und Cayennepfeffer abschmecken.

Die Schaumcreme (Zabaione) auf 4 ofenfeste Schalen oder Teller geben und die Spargelspitzen hineinbetten. Diese Mischung im Ofen 7–8 Minuten überbacken, bis die Zabaione stockt und leicht gebräunt ist.

Öl mit Schnittlauch verrühren und mit Salz und Pfeffer würzen. Die Spargelspitzen damit beträufeln und anschließend servieren.

Spargel zu Fleisch

Spargel-Schinken-Tarte

Für 16 Stücke
250 g Mehl
150 g Butter
1 1/2 Tl Salz
1 Ei
1 kg weißer Spargel
1 Tl Zucker
200 g Parmaschinken
2 Tomaten
100 g frisch geriebener Pecorino
1 El Pizzagewürz

Zubereitungszeit:
ca. 40 Minuten
(plus Ruhe- und Backzeit)
Pro Stück ca. 168 kcal/704 kJ
7 g E, 10 g F, 13 g KH

Aus Mehl, Butter, 1/2 Tl Salz und Ei einen Teig breiten. In Klarsichtfolie wickeln und etwa 30 Minuten ruhen lassen.

Spargel schälen, Enden abschneiden und die Stangen in 3 cm lange Stücke schneiden. In kochendem Salzwasser mit dem Zucker bissfest garen. Abgießen und abtropfen lassen. Den Backofen auf 200 °C (Umluft 180 °C) vorheizen.

Eine Springform (Ø 26 cm) einfetten und mit dem Teig auslegen. Einen Rand stehen lassen. Den Teig mit den Spargelstücken belegen. Den Schinken in Streifen schneiden und auf den Teig geben. Die Tomaten waschen, von den Stielansätzen befreien und in Scheiben schneiden. Auf dem Spargel verteilen. Mit Käse und Gewürz betreuen, etwa 25 Minuten backen.

Carpaccio
mit Spargel

Für 4 Portionen
250 g Rinderfilet
500 g grüner und weißer Spargel
3 El Zitronensaft
Salz, Pfeffer
Zucker
6 El Öl
1 Bund Kerbel, frisch gehackt
20 g Pinienkörner

Zubereitungszeit:
ca. 30 Minuten
(plus Gefrier- und Marinierzeit)
Pro Portion ca. 160 kcal/673 kJ
17 g E, 8 g F, 5 g KH

Das Rinderfilet für 50 Minuten gefrieren. Spargel schälen, die Enden abschneiden und die Stangen schräg in Scheiben schneiden. Zitronensaft, Salz, Pfeffer, etwas Zucker und Öl verrühren. Die Spargelscheiben darin etwa 30 Minuten ziehen lassen.

Das Fleisch in dünne Scheiben schneiden und auf einer Platte auslegen. Spargel aus der Marinade nehmen, auf dem Fleisch anrichten und mit Kerbel und Pinienkernen bestreuen. Dazu Baguette reichen.

Rinderfilet
mit Spargel

Den Spargel schälen und die Enden abschneiden. Die Stangen in 3 cm lange Stücke schneiden und in kochendem Salzwasser mit Zucker und Butter bissfest garen. Paprikaschote putzen, waschen, entkernen und in Streifen schneiden. In kochendem Salzwasser 2 Minuten blanchieren. Zwiebel schälen und fein hacken. Das Gemüse warm stellen.

Rindfleisch von Haut und Sehnen befreien, mit Salz und Pfeffer würzen. 2 El Öl in einer Pfanne erhitzen und das Fleisch darin von beiden Seiten etwa 8 Minuten braten. Anschließend in Alufolie wickeln und warm halten.

Restliches Öl erhitzen und die Zwiebel darin anschmoren. Rotwein angießen und die Zwiebel weich dünsten. Marsala zugeben und die Sauce sämig einkochen lassen. Mit Salz und Pfeffer abschmecken und die Butter in kleinen Flöckchen einrühren. Fleisch in Scheiben schneiden und mit dem Gemüse und der Sauce anrichten.

Für 4 Portionen
750 g weißer Spargel
Salz
1 Prise Zucker
1 Tl Butter
1 rote Paprikaschote
1 Zwiebel
500 g Rinderfilet
Pfeffer, 3 El Öl
50 ml Rotwein
75 ml Marsala
2 El Butter

Zubereitungszeit:
ca. 40 Minuten
(plus Gar- und Schmorzeit)
Pro Portion ca. 239 kcal/1006 kJ
31 g E, 8 g F, 9 g KH

Schweinemedaillons
mit Bärlauchspargel

Spargel schälen und die Enden abschneiden. Spargel in kochendem Salzwasser mit 1 Tl Butter bissfest garen. Bärlauch in Streifen schneiden und in den letzten 5 Minuten zum Spargel geben. Dann durch ein Sieb abgießen und Spargel in 4 cm lange Stücke schneiden.

Die Schweinemedaillons mit Salz und Pfeffer würzen. Das Öl in einer Pfanne erhitzen und die Medaillons darin etwa 3 Minuten von beiden Seiten braten. Warm stellen.

Spargel und Bärlauch im Bratfett andünsten, dann herausnehmen. Mit Brühe ablöschen. Die Flüssigkeit etwas einkochen lassen. Restliche kalte Butter in Flöckchen in die nicht mehr kochende Sauce rühren. Spargel und Bärlauch wieder hineingeben. Die Medaillons auf Tellern anrichten und den Spargel mit Sauce dazureichen. Als Beilage schmecken Salzkartoffeln.

Für 4 Portionen
750 g weißer Spargel
Salz
5 El Butter
80 g frischer Bärlauch
8 Schweinemedaillons
(à 80 g)
Pfeffer
2 El Öl
450 ml Fleischbrühe

Zubereitungszeit:
ca. 30 Minuten
(plus Koch-, Gar- und Bratzeit)
Pro Portion ca. 333 kcal/1397 kJ
36 g E, 19 g F, 5 g KH

Tafelspitz
mit Spargelvinaigrette

Für 4 Portionen
1 Zwiebel
1 Lorbeerblatt
2 Gewürznelken
1,2 kg Rindfleisch (Tafelspitz)
Salz
1 Bund Suppengemüse
je 250 g grüner und weißer Spargel
2 El Öl
4 El weißer Balsamessig
1 Bund Schnittlauch
Zucker
7 El Traubenkernöl
Pfeffer

Zubereitungszeit:
ca. 40 Minuten
(plus Gar- und Schmorzeit)
Pro Portion ca. 129 kcal/540 kJ
9 g E, 8 g F, 5 g KH

Die Zwiebel mit Lorbeerblatt und Nelken spicken. Das Fleisch mit der Zwiebel in einen großen Topf geben und in Salzwasser aufkochen. Den Schaum abschöpfen und das Fleisch etwa 2 Stunden köcheln, bis es weich ist.

Suppengemüse waschen, putzen, nach Bedarf schälen und klein schneiden. Nach der Hälfte der Garzeit zum Fleisch geben. Spargelsorten waschen und schälen (grünen Spargel nur im unteren Drittel schälen), die Enden abschneiden und die Stangen in feine Würfel schneiden.

Öl in einer Pfanne erhitzen und den Spargel darin anschmoren, mit Salz würzen und abgedeckt etwa 4 Minuten garen. Essig darübergeben und vom Herd nehmen. Schnittlauch waschen, trocken schütteln und in feine Röllchen schneiden.

1 Prise Zucker mit Traubenkernöl und Schnittlauch zum Spargel geben und mit Salz und Pfeffer abschmecken. Das Fleisch aus dem Fond nehmen und in Scheiben schneiden. Mit der Vinaigrette und Röstkartoffeln servieren.

Kalbsragout
mit Spargelspitzen

Spargel waschen und putzen, in kochendem Salzwasser mit Butter und Zucker bissfest garen. Schnittlauch waschen, trocken schütteln und in feine Röllchen schneiden. Nudeln nach Packungsanweisung kochen.

Das Fleisch waschen, trocken tupfen und in mundgerechte Würfel schneiden. Im heißen Öl unter Wenden gut anbraten. Aus der Pfanne nehmen und warm stellen.

Sahne steif schlagen, Eigelb unterrühren, Spargelspitzen und Schnittlauch unterheben. Die Fleischwürfel mit der Sahnesauce vermischen. In einem Topf kurz erhitzen, aber nicht kochen und mit Salz, Pfeffer und Cayennepfeffer abschmecken. Das Kalbsragout mit den Nudeln servieren.

Für 4 Portionen
500 g weiße Spargelspitzen
Salz, 1 Tl Butter
1 Prise Zucker
1 Bund Schnittlauch
250 g Nudeln
400 g Kalbfleisch
1 El Öl
150 ml Sahne
1 Eigelb, Pfeffer
Cayennepfeffer

Zubereitungszeit:
ca. 30 Minuten
(plus Gar- und Bratzeit)
Pro Portion ca. 555 kcal/2331 kJ
33 g E, 25 g F, 50 g KH

Kalbsrouladen
mit Spargel

Den Spargel vorbereiten und in Salzwasser mit Zucker bissfest garen, dann dritteln. Erbsen waschen, in kochendem Salzwasser blanchieren und abtropfen lassen. Schalotte schälen und fein hacken.

Das Fleisch mit Salz und Pfeffer würzen. Den Spinat verlesen, waschen und abtropfen lassen. Spinat und einen Teil des Spargels auf den Kalbsrouladen verteilen. Diese zusammenrollen und in 1 El Butter etwa 10 Minuten von allen Seiten braten. Dann aus der Pfanne nehmen und warm stellen.

Sahne steif schlagen, mit dem Eigelb verrühren und abschmecken. Erbsen, Schalotte und restlichen Spargel in restlicher Butter andünsten. Sahne-Eigelb dazugeben und erhitzen. Die Kalbsrouladen in Scheiben schneiden und mit der Gemüsesauce servieren. Dazu Reis reichen.

Für 4 Portionen
750 g weißer Spargel
Salz
1 Prise Zucker
200 g Erbsen
1 Schalotte
4 Kalbfleischrouladen
Pfeffer
150 g Spinat
2 El Butter
150 ml Sahne
1 Eigelb

Zubereitungszeit:
ca. 40 Minuten
(plus Gar-, Schmor- und Bratzeit)
Pro Portion ca. 418 kcal/1753 kJ
39 g E, 24 g F, 12 g KH

Rinderfilet
mit Spargel

Für 4 Portionen
400 g grüner Spargel
1 Tl Salz, 95 g Butter
1 Eigelb, 1 El Weißwein
1/2 Bund frisch gehackte Petersilie
1 Tl Tomatenmark
Pfeffer, Zitronensaft, 3 El Öl
4 Scheiben Rinderfilet
(à 150 g)

Zubereitungszeit:
ca. 40 Minuten
(plus Gar- und Bratzeit
Pro Portion ca. 390 kcal/1638 kJ
47 g E, 22 g F, 3 g KH

Spargel im unteren Drittel schälen, die Enden abschneiden und die Spargelstangen in kochendem Salzwasser mit 20 g Butter bissfest garen. Abgießen, abtropfen lassen und warm stellen.

75 g Butter in einem Topf zerlassen und etwas abkühlen lassen. Eigelb und Weißwein im Wasserbad schaumig rühren. Die zerlassene Butter nach und nach unter die Eimasse rühren. Petersilie und Tomatenmark unterheben und mit Salz, Pfeffer und Zitronensaft abschmecken. Die Sauce warm halten.

Das Öl in einer Pfanne erhitzen und das Fleisch darin von beiden Seiten etwa 3 Minuten braten. Mit Salz und Pfeffer würzen. Fleisch mit Spargel und der Sauce servieren. Dazu Reis reichen.

Schweinefilet
mit Spargel

Für 4 Portionen
400 g weißer Spargel
1 Tl Salz, 95 g Butter
1 Eigelb, 1 El Sherry
1/2 Bund frisch gehackter Basilikum
1 Tl Tomatenmark , Zitronensaft
4 Scheiben Schweinefilet
(à 150 g)
3 El Öl, Pfeffer, Salz
Grilltomaten und Basilikum zum Servieren

Zubereitungszeit:
ca. 35 Minuten
(plus Gar- und Bratzeit)
Pro Portion ca. 318 kcal/1333 kJ
36 g E, 18 g F, 3 g KH

Den Spargel wie oben beschrieben zubereiten. Weißen Spargel jedoch vollständig schälen. Die Sauce wie oben angegeben zubereiten.

Schweinefilets im heißen Öl braten, anschließend würzen. Sauce und Spargel mit Schweinefilet anrichten und mit gegrillter Kirschtomate und Basilikum servieren.

Lammfilet
mit grünem Spargel

Den Spargel in kochendem Salzwasser etwa 5 Minuten garen. Warm stellen. Die Lammfilets würzen. Die Knoblauchzehen schälen und fein hacken.

3 El Butter in einer Pfanne erhitzen und die Lammfilets darin von beiden Seiten 3 Minuten braten. Warm stellen.

Knoblauch im Bratfond andünsten. Wein angießen und etwas einkochen lassen. Mit restlicher Butter sämig binden. Sauce mit Spargel und Lammfilets servieren. Fleisch mit Salbeiblättern garnieren. Dazu passen Rösti.

Für 4 Portionen

500 g grüne Spargelspitzen (10 cm)
Salz
4 Lammfilets (à 100 g)
Pfeffer
3 Knoblauchzehen
5 El Butter
100 ml Weißwein
2 El frische Salbeiblätter

Zubereitungszeit:
ca. 20 Minuten
(plus Gar- und Bratzeit)
Pro Portion ca. 278 kcal/1165 kJ
32 g E, 14 g F, 4 g KH

Lammfilet
mit Spargel und Rhabarber

Den Spargel in kochendem Salzwasser bissfest garen. Rhabarber in einen Topf mit 2 El Butter, Zucker, Wein und Safran geben und die Flüssigkeit einkochen. Mit Pfeffer abschmecken.

Fleisch würzen. 2 El Butter und Öl in einer Pfanne erhitzen, das Fleisch darin von beiden Seiten gut anbraten. Abgedeckt weitere 5 Minuten schmoren. Den Spargel in der restlichen Butter schwenken und abschmecken. Petersilie mit Öl mischen und würzen. Fleisch in Scheiben mit Rhabarber und Spargel servieren. Öl darüberträufeln.

Für 4 Portionen

500 g grüne Spargelspitzen
Salz
300 g Rhabarber, in Stücken
6 El Butter, 70 g Zucker
3 El Weißwein
1 Msp. Safran, Pfeffer
4 Lammfilets
1 El Öl
1/2 Bund frisch gehackte glatte
Petersilie, 5 El Traubenkernöl

Zubereitungszeit:
40 Minuten (plus Gar- und Bratzeit)
Pro Portion ca. 298 kcal/1250 kJ
32 g E, 9 g F, 22 g KH

Geschnetzeltes
mit Spargel

Für 4 Portionen
600 g grüner Spargel
Salz
1 Bund Frühlingszwiebeln
2 El Öl
600 g geschnetzeltes Schweinefleisch
etwas Mehl
Pfeffer
125 ml Weißwein
300 ml Fleischbrühe
125 ml Sahne

Zubereitungszeit:
ca. 40 Minuten
(Plus Gar- und Bratzeit)
Pro Portion ca. 323 kcal/1355 kJ
37 g E, 15 g F, 6 g KH

Spargel im unteren Drittel schälen, die Enden abschneiden und die Stangen in ca. 4 cm lange Stücke schneiden. In kochendem Salzwasser garen. Die Frühlingszwiebeln waschen, putzen und in Ringe schneiden.

Das Öl in einer Pfanne erhitzen. Das Fleisch mit etwas Mehl bestäuben und ca. 3 Minuten im heißen Öl braten. Mit Salz und Pfeffer würzen und aus der Pfanne nehmen. Anschließend den Spargel und die Zwiebeln in die Pfanne geben, etwa 6 Minuten braten und würzen. Anschließend das Gemüse aus der Pfanne nehmen und warm stellen.

Den Weißwein in die Pfanne gießen und auf die Hälfte einkochen. Die Brühe hinzufügen, aufkochen. Sahne einrühren und aufkochen lassen. Die Sauce mit Salz und Pfeffer abschmecken.

Fleisch, Spargel und Zwiebeln in die Sauce geben und einige Minuten köcheln lassen. Mit Nudeln servieren.

Kalbsleber
mit Spargel

Spargel schälen und die Enden abschneiden. Die Stangen in kochendem Salzwasser mit 1 Prise Zucker bissfest garen. Dann abgießen und warm stellen. Den Kochfond aufbewahren.

Schalotten schälen und fein würfeln. In 1 El heißem Öl anschmoren. Mit Essig ablöschen und 200 ml Spargelfond angießen. Auf 100 ml einkochen lassen. Dann durch ein Sieb in eine Metallschüssel geben und ins Wasserbad stellen. Eigelb schaumig einrühren. 200 g Butter zerlassen. Schüssel aus dem Wasserbad nehmen und die Butter in dünnem Strahl unterrühren. Sauce mit Salz, Pfeffer, Zitronensaft und Chili abschmecken.

Mehl, verquirlte Eier und Paniermehl auf drei Teller verteilen. Leberscheiben würzen. Restliches Öl erhitzen. Leber in Mehl, Eiern und Paniermehl wenden und von beiden Seiten etwa 3 Minuten braten. Restliche Butter in der letzten Minuten dazugeben. Leber mit Sauce und Spargel servieren. Dazu Kartoffelbrei reichen.

Für 4 Portionen
1 kg weißer Spargel, Salz
Zucker, 3 Schalotten
50 ml Öl
2 El Weißwein-Essig
3 Eigelb, 220 g Butter
Pfeffer, 2 Tl Zitronensaft
1/2 Tl fein gehackte Chilischote
80 g Mehl, 2 Eier
100 g Paniermehl
8 Scheiben Kalbsleber (à 70 g)

Zubereitungszeit:
ca. 50 Minuten
(plus Gar-, Koch- und Bratzeito)
Pro Portion ca. 608 kcal/2552 kJ
38 g E, 31 g F, 46 g KH

Kalbsnieren
mit Wildspargel

Den Backofen auf 220 °C (Umluft 200 °C) vorheizen. Kalbsnieren waschen und trocknen. Den Knoblauch schälen und fein hacken. Die Nieren in einem Bräter von beiden Seiten gut anbraten. Knoblauch darüberstreuen und im Ofen etwa 20 Minuten garen, dann herausnehmen und warm stellen.

Den Spargel waschen und die Enden abschneiden. In etwa 5 cm lange Stücke schneiden. Estragon waschen, trocken schütteln und fein hacken. Kalbsfond in einen Topf geben und auf die Hälfte einkochen. Anschließend die Butter mit dem Schneebesen einrühren. Mit Salz und Pfeffer abschmecken. Das Öl erhitzen und die Spargelstücke darin ca. 5 Minuten roh anbraten, dann den Estragon unterrühren und abschmecken.

Die Kalbsnieren in dünne Scheiben schneiden und auf Tellern mit der Sauce und dem Spargelgemüse anrichten. Dazu passen gebackene Kartoffelscheiben.

Für 4 Portionen
2 Kalbsnieren
1 Knoblauchzehe
800 g Wildspargel
1 Bund frischer Estragon
100 ml Kalbsfond
2 El Butter
Salz, Pfeffer
2 El Öl

Zubereitungszeit:
ca. 30 Minuten
(plus Schmor-, Koch- und Backzeit)
Pro Portion ca. 149 kcal/626 kJ
14 g E, 8 g F, 5 g KH

Schweinesteak
mit Spargel und Kressesauce

Für 4 Portionen
1 kg weißer Spargel, Salz
1 Prise Zucker, 30 g Butter
2 Schalotten
75 ml trockener Weißwein
4 cl Noilly Prat
400 ml Kalbsfond, 2 El Öl
4 Schweinesteaks, Pfeffer
je 1/2 Tl getrockneter Rosmarin
und Thymian
200 g Crème fraîche
2 El Zitrone
4 El grob zerkleinerte Kresse

Zubereitungszeit:
ca. 40 Minuten
(plus Gar- und Bratzeit)
Pro Portion ca. 470 kcal/1974 kJ
39 g E, 30 g F, 8 g KH

Den Spargel schälen, die Enden abschneiden und die Stangen in kochendem Salzwasser mit Zucker und 1 El Butter bissfest garen.

Die Schalotten schälen und fein würfeln. Restliche Butter in einer Pfanne erhitzen und die Schalotten darin andünsten. Wein, Noilly Prat und Kalbsfond angießen und die Sauce bis auf ein Drittel einkochen lassen.

Das Öl in einer Pfanne erhitzen und die Steaks darin von beiden Seiten etwa 7 Minuten braten. Mit Salz, Pfeffer und den Kräutern würzen und anschließend warm stellen.

Die Sauce mit Crème fraîche und Zitronensaft verfeinern. Vom Herd nehmen und die Kresse einrühren. Die Sauce schaumig schlagen.

Den Spargel abgießen, abtropfen lassen und auf vorgewärmte Teller verteilen. Die Steaks dazulegen und mit der Kressesauce servieren. Dazu passen Rösti.

Steaks
mit Spargel und Minzbutter

Für 4 Portionen
1 kg weißer Spargel, Salz
1 Prise Zucker, 45 g Butter
1 Schalotte
1 Bund frisch gehackte Minze
1/2 Bund frisch gehackte Petersilie, 2 El Öl
4 Rindersteaks, Pfeffer
frisch geriebene Muskatnuss

Zubereitungszeit:
ca. 30 Minuten
(plus Gar-, Schmor- und Bratzeit)
Pro Portion ca. 305 kcal/1281 kJ
39 g E, 14 g F, 6 g KH

Den Spargel schälen, die Enden abschneiden und die Stangen in kochendem Salzwasser mit Zucker und 1 El Butter bissfest garen.

Schalotte, Minze und Petersilie in 1/2 El Butter dünsten, 4 El Wasser hinzufügen und aufkochen. Restliche Butter einrühren.

Das Öl in einer Pfanne erhitzen und die Steaks darin von beiden Seiten etwa 7 Minuten braten. Mit Salz, Pfeffer und Muskatnuss würzen und anschließend warm stellen. Mit Spargel und Minzbutter servieren.

Schweinemedaillons
mit Spargel und Senfsauce

Für 4 Portionen
1 kg weißer Spargel, Salz
1 Tl Zucker, 1 El Butter
2 El Öl, 4 Schweinesteaks
8 El Zitronensaft
250 ml Sauce Hollandaise (FP)
8 El Keimöl, 2 Tl süßer Senf
2 Tl scharfer Senf
2 Tl frisch gehackte Zitronenmelisse
Pfeffer

Zubereitungszeit:
ca. 30 Minuten
(plus Gar- und Bratzeit)
Pro Portion ca. 333 kcal/1397 kJ
38 g E, 17 g F, 6 g KH

Den Spargel schälen, die Enden abschneiden und die Stangen in kochendem Salzwasser mit Zucker und 1 El Butter bissfest garen. Die Steaks im heißen Öl braten.

Die Sauce Hollandaise nach Packungsanweisung zubereiten und zusammen mit den restlichen Zutaten zu einer Senfsauce rühren. Zu Medaillons und Spargel servieren.

Spargel zu Wild und Geflügel

Kaninchenfilet
mit Wildspargel und Safransauce

Für 4 Portionen
750 g Wildspargel, Salz
500 g Kaninchenfilets
Pfeffer
50 g gehackte Walnüsse
5 El Butter
2 El Walnussöl
1 Schalotte
100 ml Noilly Prat
einige Safranfäden
200 ml Sahne

Zubereitungszeit:
ca. 30 Minuten
(plus Gar-, Brat und Kochzeit)
Pro Portion ca. 503 kcal/2110 kJ
31 g E, 39 g F, 7 g KH

Wildspargel waschen und in kochendem Salzwasser garen. Das Fleisch in 1,5 cm dicke Scheiben schneiden, würzen und mit den Nüssen bestreuen. 2 El Butter mit dem Walnussöl erhitzen und die Fleischscheiben darin von beiden Seiten 3 Minuten braten. Warm stellen. Restliche Butter in den Bratfond rühren.

Schalotte schälen und hacken. In der Pfanne mit dem Spargel andünsten. Würzen und warm stellen. Bratfond mit Noilly Prat ablöschen und etwas einkochen. Sauce passieren und in der Pfanne mit Sahne und Safran verrühren. Cremig einkochen und abschmecken. Fleisch mit Spargel und Sauce auf Tellern anrichten. Dazu Wildreis servieren.

Kaninchenrücken
mit Spargelpüree

Für 4 Portionen
500 g weißer Spargel
Salz, Zucker
4 El Butter
800 g Kartoffeln
6 Kaninchenrückenfilets
Pfeffer
100 g durchwachsener Speck
2 El Öl
200 ml Sahne

Zubereitungszeit:
ca. 40 Minuten
(plus Gar- und Bratzeit)
Pro Portion ca. 460 kcal/1932 kJ
19 g E, 27 g F, 35 g KH

Den Spargel vorbereiten, in kochendem Salzwasser mit Zucker und etwas Butter weich garen. Abgießen und pürieren. Kartoffeln mit Schale garen, abgießen, pellen und mit 2 El Butter zerstampfen. Spargelpüree unterziehen und abschmecken.

Fleisch würzen. Speck in Würfel schneiden und im heißen Öl mit 1 El Butter ausbraten. Das Fleisch hinzufügen und von beiden Seiten etwa 4 Minuten braten. Warm stellen. Bratfond mit der Sahne ablöschen. Etwas einkochen lassen und abschmecken Fleisch mit dem Püree und der Sauce servieren.

Hähnchenbrust
mit Spargelragout

Den Spargel schälen, die Enden abschneiden und die Stangen in kochendem Salzwasser mit etwas Butter und Zucker bissfest garen. Anschließend in kleine Stücke schneiden.

Karotten und Zucchini putzen, Karotten schälen und beide Gemüse in kleine Würfel schneiden. Die Schalotten schälen und hacken. Das Gemüse (ohne Schalotten) in kochendem Wasser kurz blanchieren. Abtropfen lassen.

Hähnchenbrüste säubern, mit Salz und Pfeffer würzen. 2 El Butter in einer Pfanne erhitzen und das Fleisch darin etwa 5 Minuten braten. Wenden und weitere 4 Minuten braten. Warm stellen.

Schalotten im Bratfond andünsten. Gemüse und Spargel zugeben. Mit Essig ablöschen und einkochen lassen. Sahne zufügen und die Sauce abschmecken. Fleisch mit dem Spargelragout und Schnittlauch bestreut servieren.

Für 4 Portionen
750 g weißer Spargel
Salz
3 El Butter
1 Prise Zucker
je 200 g Karotten und Zucchini
2 Schalotten
4 Hähnchenbrüste
Pfeffer
1 El Aceto Balsamico
150 ml Sahne
3 El frisch geschnittener Schnittlauch

Zubereitungszeit:
ca. 40 Minuten
(plus Gar-, Schmor- und Bratzeit)
Pro Portion ca. 330 kcal/1386 kJ
41 g E, 15 g F, 7 g KH

Hähnchen
mit gebratenem Spargel

Für 4 Portionen
4 El Pinienkerne
400 g Hähnchenbrustfilet
4 El Sojasauce, 2 Tl Speisestärke
800 g weißer Spargel
1/2 Bund Frühlingszwiebeln
100 g Zuckerschoten, 2 Möhren
100 g Sojabohnensprossen
2 El frisch geriebener Ingwer
4 El Sesamöl, 8 El Gemüsebrühe
1 Tl Erdnussöl
4 El Reiswein, Salz, Pfeffer

Zubereitungszeit:
ca. 40 Minuten (plus Röst- und Bratzeit)
Pro Portion ca. 315 kcal/1323 kJ
33 g E, 14 g F, 12 g KH

Die Pinienkerne ohne Fett goldbraun rösten und beiseitestellen. Das Fleisch in dünne Streifen schneiden. Sojasauce mit Speisestärke verrühren und die Fleischstücke darin marinieren.

Spargel waschen, schälen, Enden abschneiden und die Stangen in 2 cm große Stücke schneiden. Frühlingszwiebeln putzen und schräg in Ringe schneiden. Zuckerschoten putzen und waschen. Möhren schälen und würfeln. Sojasprossen waschen und abtropfen lassen.

Das Sesamöl in einer Pfanne erhitzen und das Fleisch darin portionsweise etwa 2 Minuten braten. Herausnehmen. Gemüse und Ingwer in die Pfanne geben und etwa 5 Minuten braten. Gemüsebrühe, Erdnussöl und Reiswein angießen und erhitzen. Mit Salz und Pfeffer abschmekken. Fleisch mit dem Gemüse und chinesischen Nudeln servieren. Die Pinienkerne darüberstreuen.

Rehmedaillons
mit Spargel

Für 4 Portionen
800 g Spargel
Salz, Zucker
3 El Butter
20 g getrocknete Morcheln
2 Schalotten
2 El Mehl
250 ml Sahne
Pfeffer
8 Rehmedaillons
2 El Öl

Zubereitungszeit:
ca. 40 Minuten
(plus Einweich-, Koch und Bratzeit)
Pro Portion ca. 348 kcal/1459 kJ
18 g E, 27 g F, 9 g KH

Spargel schälen, die Enden abschneiden und die Stangen in kochendem Salzwasser mit Zucker und etwas Butter bissfest garen. Herausnehmen, Spargelfond aufbewahren, und die Stangen in 5 cm lange Stücke schneiden. Morcheln in 150 ml warmem Wasser einweichen. Schalotten putzen und fein hacken.

Restliche Butter in einer Pfanne erhitzen und die Schalotten darin andünsten. Das Mehl darüberstäuben und mit 600 ml Spargelfond ablöschen. Unter Rühren die Sahne hinzufügen und die Sauce etwas einkochen lassen.

Morcheln ausdrücken, Einweichwasser durch ein Sieb in die Sauce geben. Noch etwas einkochen, dann abschmecken. Morcheln gut waschen und mit dem Spargel in die Sauce geben. Warm stellen. Das Fleisch würzen. Öl in einer Pfanne erhitzen und die Medaillons darin von beiden Seiten gut anbraten. Abgedeckt weitere 10 Minuten schmoren. Das Spargelgemüse erwärmen und zum Fleisch servieren.

Wildentenbrust
mit grünem Spargel

Für 4 Portionen

600 g Wildentenbrust mit Haut
Salz
Pfeffer
2 El Öl
1 kg grüner Spargel
1 Bund glatte Petersilie
2 El Akazienhonig
3 El Traubenkernöl
1 El Balsamessig

Zubereitungszeit:
ca. 30 Minuten
(plus Brat- und Garzeit)
Pro Portion ca. 415 kcal/1743 kJ
31 g E, 28 g F, 9 g KH

Den Backofen auf 200 °C (Umluft 180 °C) vorheizen. Die Entenbrust waschen, trocken tupfen, mit Salz und Pfeffer würzen. Öl in einem Bräter erhitzen und die Brust anbraten, zuerst mit der Hautseite nach unten. Im Ofen in 15 Minuten fertig garen.

Spargel waschen, im unteren Drittel schälen, Enden abschneiden und im Spargelkochtopf mit wenig Wasser garen.

Entenbrust während des Garens mit Bratensaft begießen. Nach dem Garen noch 10 Minuten im Topf ruhen lassen. Dann in Scheiben schneiden.

Für die Sauce die restlichen Zutaten mischen, pürieren und mit Salz und Pfeffer abschmecken. Fleisch mit Spargel und Sauce servieren. Dazu neue Kartoffeln reichen.

Hähnchenroulade
mit Spinat und Spargel

Spinat putzen, gründlich waschen, blanchieren und abtropfen lassen. Die Hähnchenschnitzel dünn klopfen und mit Salz und Pfeffer würzen. Spargel waschen, weißen Spargel schälen und beide Sorten in kochendem Salzwasser mit Zucker und Butter bissfest garen. Abgießen, Kochsud aufbewahren und abtropfen lassen.

Die Hähnchenschnitzel mit Frischkäse bestreichen und den Blattspinat darauf verteilen. In jedes Schnitzel je eine weiße und grüne Spargelstange legen. Schnitzel zusammenrollen und festbinden.

Das Butterschmalz in einer Pfanne erhitzen und die Rouladen darin anbraten. 250 ml Kochsud vom Spargel sowie Wein angießen und die Rouladen etwa 15 Minuten köcheln. Aus der Pfanne nehmen und warm stellen. Den Bratfond mit Sahne aufgießen und etwas einkochen lassen. Mit Salz und Pfeffer abschmecken. Hähnchenrouladen mit der Sauce servieren.

Für 4 Portionen

80 g Blattspinat
8 Hähnchenschnitzel
Salz und Pfeffer
je 8 Stangen weißer und grüner Spargel, nur die oberen 10 cm
1 Prise Zucker, 1 Tl Butter
60 g Frischkäse
1 El Butterschmalz
250 ml Weißwein
150 ml Sahne

Zubereitungszeit:
ca. 30 Minuten
(plus Gar-, Brat- und Kochzeit)
Pro Portion ca. 383 kcal/1607 kJ
40 g E, 20 g F, 5 g KH

Hähnchenschnitzel
mit Käse, Schinken und Spargel

Den Spargel wie oben beschrieben mit etwas Zucker, einem Stück Butter im Salzwasser garen. Hähnchenschnitzel waschen, trocken tupfen und mit je 1 Scheibe Käse und Schinken sowie 2 Spargelstangen belegen.

Rouladen wie oben beschrieben braten und die Sauce wie angegeben zubereiten.

Für 4 Portionen

16 Stangen weißer Spargel, nur die oberen 10 cm
1 Prise Zucker, 1 Tl Butter
Salz und Pfeffer
8 Hähnchenschnitzel
8 Scheiben Gouda
8 Scheiben gekochter Schinken
1 El Butterschmalz,
250 ml Weißwein
150 ml Sahne

Zubereitungszeit:
ca. 30 Minuten
(plus Gar-, Koch- und Bratzeit)
Pro Portion ca. 358 kcal/1502 kJ
25 g E, 24 g F, 3 g KH

Putenbrust
mit Spargel

Für 4 Portionen
750 g grüner Spargel
600 g Putenbrustfilet
Salz, Pfeffer
3 El Mehl
2 Eier
3 El gemahlener Mohn
50 g Paniermehl
250 ml Frittieröl
100 g Butter
1 Tl frisch gehackter Estragon

Zubereitungszeit:
ca. 40 Minuten
(plus Gar- und Bratzeit)
Pro Portion ca. 660 kcal/2772 kJ
43 g E, 48 g F, 17 g KH

Den Spargel waschen, putzen und in kochendem Salzwasser garen. Fleisch waschen, trocken tupfen, in 3 cm große Stücke schneiden und würzen.

Mehl, verquirlte Eier und mit Mohn gemischtes Paniermehl auf separate Teller verteilen. Fleischstücke nacheinander in Mehl, Eiern und Paniermehl wenden und im heißen Frittieröl goldbraun ausbacken. Auf Küchenpapier abtropfen lassen.

Die Butter schmelzen. Spargel mit der Butter überziehen und mit den frittierten Putenstücken und Estragon bestreut servieren.

Poulardenbrust
mit Spargel und Grapefruitbutter

Für 4 Portionen
4 Poulardenbrüste à 180 g
Salz, Pfeffer
1 El Öl
2 Grapefruit
Saft von 2 Grapefruits
1 El Zucker
150 g kalte Butter
2 El grüne Pfefferkörner
500 g grüner Spargel

Zubereitungszeit:
ca. 30 Minuten
(plus Brat- und Garzeit)
Pro Portion ca. 530 kcal/2226 kJ
47 g E, 23 g F, 28 g KH

Den Backofen auf 180 °C (Umluft 160 °C) vorheizen. Poulardenbrüste würzen und im heißen Öl in einer ofenfesten Pfanne von beiden Seiten kurz anbraten. Im Ofen in etwa 15 Minuten fertig braten.

Von den Grapefruits die Schale dick abschälen, weiße Innenhaut entfernen. Grapefruits in Scheiben schneiden. Saft mit dem Zucker auf ein Drittel einkochen. Die Butter einarbeiten. Pfefferkörner zerdrücken und unter die Butter heben. Die Grapefruitscheibe in die Sauce legen und kurz erhitzen.

Spargel putzen und in kochendem Salzwasser bissfest garen. Die Poulardenbrüste und den Spargel mit der Grapefruitbutter mit neuen Kartoffeln servieren.

Perlhuhnbrüstchen
mit wildem Spargel

Die Perlhuhnbrüste mit Salz und Pfeffer würzen und im heißen Öl von allen Seiten anbraten. Aus der Pfanne nehmen und die Schalotten im Bratfett andünsten.

Tomatenmark einrühren und etwas Wein angießen. Einkochen lassen, dann wieder etwas Wein angießen und einkochen lassen. Vorgang wiederholen, bis der Wein aufgebraucht ist. Die Hühnerbrühe angießen und aufkochen. 1 El Speisestärke in Wasser anrühren und die Sauce damit binden. Fleisch in die Sauce geben und bei geringer Temperatur etwa 40 Minuten garen.

Pilze putzen und feucht abreiben. Spargel putzen und waschen. Stangen schräg in etwa 3 cm lange Stücke schneiden. Pilze in etwas Butter andünsten und 10 Minuten vor Ende der Garzeit Pilze und Spargel in das Ragout geben. Zucker in einer Pfanne karamellisieren und mit dem Essig ablöschen. Ins Ragout rühren und mit Salz und Pfeffer abschmecken. Restliche Butter in Flöckchen unterrühren. Perlhuhnragout mit dem Gemüse servieren.

Für 4 Portionen
6 Perlhuhnbrüstchen
Salz, Pfeffer
2 El Öl
2 Schalotten, gehackt
1 El Tomatenmark
200 ml Weißwein
600 ml Hühnerbrühe
1 El Speisestärke
200 g Champignons
500 g Wildspargel
3 El Butter
1 El Zucker
50 ml Aceto Balsamico

Zubereitungszeit:
ca. 30 Minuten
(plus Gar- und Kochzeit)
Pro Portion ca. 358 kcal/1500 kJ
39 g E, 17 g F, 9 g KH

Poulardenbrust
mit rotem Spargelgemüse

Spargel waschen, schälen, Enden abschneiden und die Stangen in etwa 4 cm lange Stücke schneiden. Spargelschalen mit Abschnitten in 500 ml Wasser mit Salz etwa 20 Minuten kochen, dann passieren.

Perlzwiebeln schälen und in 1 El Butter andünsten. Zucker dazugeben und karamellisieren lassen. Wein angießen und einkochen. Spargelfond und -stücke zu den Zwiebeln geben und alles etwa 10 Minuten köcheln.

Fleisch mit Salz und Pfeffer würzen, in Mehl wenden. Restliche Butter und Öl erhitzen und das Fleisch darin von beiden Seiten etwa 4 Minuten braten.

Speisestärke in wenig Wasser anrühren und das Spargelgemüse damit binden. Poulardenbrüste mit dem Gemüse servieren und mit gehackter Petersilie bestreuen.

Für 4 Portionen
750 g weißer Spargel
Salz, 250 g Perlzwiebeln
3 El Butter, 2 El Zucker
500 ml Rotwein
4 Poulardenbrüste ohne Haut
Pfeffer, 2 El Mehl
2 El Öl
1 El Speisestärke
1/4 Bund Petersilie, frisch gehackt

Zubereitungszeit:
ca. 40 Minuten
(plus Gar-, Schmor- und Bratzeit)
Pro Portion ca. 325 kcal/1365 kJ
40 g E, 8 g F, 8 g KH

Spargel zu Fisch und Meeresfrüchten

Spargel im Garnelenmantel

Für 4 Portionen
350 g Garnelen, ohne Schale und entdarmt
1 Knoblauchzehe
Salz, 1 El Öl
10 Stangen grüner Spargel
1 1/2 Tl Speisestärke
1 l Frittieröl
50 ml Gemüsebrühe
1 Tl Sojasauce
1 Tl Sesamöl
Zucker, Pfeffer

Zubereitungszeit:
ca. 30 Minuten
(plus Ruhe-, Frittier- und Kochzeit)
Pro Portion ca. 355 kcal/1491 kJ
19 g E, 30 g F, 3 g KH

Garnelen waschen, trocken tupfen und etwa 2 Stunden kalt stellen. Anschließend fein hacken. Knoblauch schälen und sehr fein hacken. Unter die Garnelen mischen und mit 1 Tl Salz und Öl mischen. Die Mischung etwa 60 Minuten im Kühlschrank ruhen lassen.

Spargel putzen und in Salzwasser etwa 3 Minuten blanchieren. Abgießen. Den Garnelenteig in 10 Portionen teilen und auf Backpapier geben. Darüber 1/2 Tl Speisestärke streuen. Auf jede Teigportion ein Spargelstück legen und mit Hilfe des Papiers in den Teig einrollen. Das Frittieröl in einem Topf erhitzen und die Teigrollen darin etwa 3 Minuten frittieren. Auf Küchenpapier abtropfen lassen und warm stellen. Die restlichen Zutaten miteinander verrühren. Die restliche Speisestärke in etwas Wasser anrühren und die Sauce damit binden. Zu den Spargelpäckchen servieren.

Forellenfilets mit Spargel

Für 4 Portionen
1 kg weißer Spargel, geputzt
Salz
Zucker
2 Bund Schnittlauch
100 g Butter
Pfeffer
8 Bachforellenfilets
1 El Olivenöl

Zubereitungszeit:
ca. 30 Minuten (plus Gar- und Backzeit)
Pro Portion ca. 228 kcal/955 kJ
20 g E, 13 g F, 6 g KH

Spargel in kochendem Salzwasser mit etwas Zucker bissfest garen. Dann abgießen, abtropfen lassen und warm stellen. Schnittlauch pürieren. Mit der Butter vermischen und mit Salz und Pfeffer abschmecken. Kühl stellen.

Den Backofen auf 120 °C (Umluft 100 °C) vorheizen. Fischfilets mit Salz und Pfeffer würzen, mit Öl einpinseln mit Alufolie abgedeckt ca. 8 Minuten backen. Mit dem Spargel auf Tellern anrichten und mit geschmolzener Schnittlauchbutter servieren.

Spargel
mit Seezunge und Senf-Hollandaise

Spargel schälen, die Enden abschneiden und in kochendem Salzwasser mit 1 Tl Zucker und 1 Tl Butter bissfest garen.

Die Fischfilets mit Salz und Pfeffer würzen, mit 2 Tl Zitronensaft beträufeln, aufrollen und feststecken. 40 g Butter in einer Pfanne erhitzen und die Fischfilets darin von beiden Seiten etwa 3 Minuten braten. Warm stellen.

Für die Hollandaise restliche Butter schmelzen. Eigelb mit Salz, Pfeffer, restlichem Zitronensaft, Wein und Senf sowie einer Prise Zucker verrühren und im Wasserbad zu einer Creme aufschlagen. Die flüssige Butter nach und nach einrühren und mit Salz und Pfeffer abschmecken.

Spargel auf Tellern anrichten und mit der Sauce überziehen. Die Fischfilets dazureichen und mit Dill bestreut servieren.

Für 4 Portionen
1,25 kg Spargel
Salz
Zucker
150 g Butter
8 Seezungenfilets
Pfeffer
4 Tl Zitronensaft
4 Eigelb
3 El Weißwein
2 Tl mittelscharfer Senf
2 Tl süßer Senf
2 El frisch gehackter Dill

Zubereitungszeit:
ca. 30 Minuten
(plus Gar-, Koch- und Bratzeit)
Pro Portion ca. 455 kcal/1911 kJ
36 g E, 31 g F, 9 g KH

Goldbarsch
mit Spargel-Dill-Gemüse

Für 4 Portionen
750 g Spargel
Salz
1 Prise Zucker
3 El Butter
1 Karotte
1 Bund Dill
1 Schalotte
4 Goldbarschfilets (à 120 g)
150 ml Sahne
1 Eigelb
Pfeffer

Zubereitungszeit:
ca. 40 Minuten
(plus Gar- und Kochzeit)
Pro Portion ca. 285 kcal/1197 kJ
28 g E, 16 g F, 6 g KH

Den Spargel schälen, die Enden abschneiden und in kochendem Salzwasser mit etwas Zucker und 1 Tl Butter bissfest garen. Karotte putzen, schälen, halbieren und in dünne Streifen schneiden. In kochendem Salzwasser kurz blanchieren, dann abgießen und abtropfen lassen. Dill waschen, trocken schütteln und fein hacken. Schalotte schälen und würfeln.

Fischfilets in eine Pfanne mit restlicher Butter und etwas Wasser geben, aufkochen und die Pfanne vom Herd nehmen. Sahne steif schlagen und mit dem Eigelb verrühren.

Den Spargel mit den Karottenstreifen, dem Dill und etwas Fischkochsud in einer Pfanne erhitzen, mit Salz und Pfeffer abschmecken. Sahne-Eigelb unterheben und aufkochen lassen. Fisch mit dem Spargel-Dill-Gemüse servieren. Dazu schmeckt Reis.

Spargelcrêpes
mit Garnelen

Für 4 Portionen
250 ml Milch
150 g Butter
100 g Weizenmehl
20 g Buchweizenmehl
2 Eier, Salz, Pfeffer
12 weiße Spargelstangen
300 g gekochte Garnelen
1 El Öl
4 El frisch geschnittener
Schnittlauch

Zubereitungszeit:
ca. 35 Minuten
(plus Kühl-, Gar- und Bratzeit)
Pro Portion ca. 468 kcal/1964 kJ
25 g E, 31 g F, 23 g KH

Milch und 50 g Butter in einem Topf erwärmen. Vom Herd nehmen, Mehl und Eier einrühren. Mit Salz und Pfeffer würzen und den Teig 30 Minuten kühl stellen.

Den Spargel schälen, die Enden abschneiden und die Stangen mit wenig Wasser garen. Spargel in 3 cm lange Stücke schneiden und mit den Garnelen mischen.

Öl in einer Pfanne erhitzen, aus dem Teig dünne Crêpes backen und warm stellen. Restliche Butter schmelzen und leicht braun werden lassen. Die Spargel-Garnelen-Masse auf die Crêpes verteilen. Darüber etwas flüssige Butter geben und die Crêpes zusammenklappen. Mit Schnittlauch garniert servieren.

Frühlingsrollen
mit Spargel und Krabben

Für 4 Portionen
300 g weißer Spargel
2 Möhren, Salz, Zucker
1 Avocado
Saft von 2 Limetten
Pfeffer
250 g Nordsee-krabbenfleisch
1 Bund frisch gehackter Kerbel
1 El mittelscharfer Senf
3 Eigelb
8 Blätter Filoteig
100 ml Öl, 1 Limette

Zubereitungszeit:
ca. 40 Minuten
(plus Ruhe-, Gar- und Frittierzeit)
Pro Portion ca. 503 kcal/2110 kJ
9 g E, 41 g F, 13 g KH

Den Spargel schälen und die Enden abschneiden. Möhren putzen und schälen. Beide Gemüse längs vierteln und in kochendem Salzwasser mit Zucker etwa 5 Minuten blanchieren. Abgießen und abtropfen lassen.

Avocado schälen, vierteln und den Stein entfernen. Das Fruchtfleisch längs in Spalten schneiden. Mit 1 El Limettensaft beträufeln und mit Salz und Pfeffer würzen. Die Krabben mit Kerbel, Senf, restlichem Limettensaft, Salz und Pfeffer mischen und etwa 10 Minuten ziehen lassen.

Das Eigelb verquirlen. 4 Blätter Filoteig mit etwas Eigelb bestreichen und jeweils mit einem weiteren Blatt bedecken. Diese wieder mit Eigelb bestreichen. Die Teigblätter mit Gemüse und Krabben belegen und zusammenrollen.

Das Öl auf 175 °C erhitzen und die Rollen darin goldbraun frittieren. Limette in Scheiben schneiden und mit den Frühlingsrollen servieren.

Lachs
mit Spargel und Rote-Bete-Creme

Für 4 Portionen
750 g Spargel
Salz
1 Prise Zucker
2 El Butter
300 g frische Erbsen
2 kleine Rote Bete
150 ml Sahne
1 Eigelb
400 g Lachsfilet
Pfeffer
4 Zweige Dill

Zubereitungszeit:
ca. 30 Minuten
(plus Gar- und Kochzeit)
Pro Portion ca. 398 kcal/1669 kJ
29 g E, 22 g F, 19 g KH

Spargel schälen und die Enden abschneiden. Die Stangen in kochendem Salzwasser mit etwas Zucker und 1 Flocke Butter bissfest garen. Dann abgießen und in 3 cm große Stücke schneiden.

Die Erbsen in kochendem Salzwasser blanchieren und abgießen. Rote Bete schälen und in sehr feine Streifen schneiden. Sahne steif schlagen und mit dem Eigelb verrühren.

Lachs in 8 Stücke teilen, salzen und pfeffern. In einer Pfanne mit restlicher Butter und etwas Wasser aufkochen und vom Herd nehmen. Rote Bete in 1 El Butter anschwitzen, einige Scheiben zur Deko zurücklegen, 100 ml Wasser angießen und einkochen lassen. Dann die Sahne zugeben und aufkochen. Die Mischung pürieren und abschmecken.

Erbsen und Spargel noch mal erhitzen. Mit der Rote-Bete-Creme und dem Lachs servieren. Dazu schmeckt frisches Baguette.

Lachs
mit Spargel und Zucchinicreme

Für 4 Portionen
750 g Spargel, Salz
2 El Butter, 1 Prise Zucker
300 g frische Erbsen
400 g Lachsfilet, Pfeffer
2 kleine Zucchini
(ca. 400 g)
150 ml Sahne, 1 Eigelb

Zubereitungszeit:
ca. 30 Minuten
(plus Gar- und Kochzeit)
Pro Portion ca. 392 kcal/1646 kJ
30 g E, 22 g F, 17 g KH

Spargel und Erbsen wie oben beschrieben zubereiten. Den Fisch ebenfalls wie oben beschrieben garen.

Zucchini waschen, putzen und in Streifen schneiden. Kurz in der Pfanne schmoren.

Die Sahne steif schlagen, das Eigelb einrühren und alles zur Zucchini geben. Kurz aufkochen lassen, anschließend pürieren. Alles wie oben beschrieben anrichten.

Jakobsmuscheln
mit Spargelbutter

Spargel in gesalzenem Wasser kurz blanchieren. Dann einige Köpfe herausnehmen. Restlichen Spargel weitere 10 Minuten garen. Abgießen, abtropfen lassen und pürieren.

Muschelfleisch gut säubern und halbieren. Frühlingszwiebeln waschen, putzen und fein hacken. 1 El Butter in einer Pfanne erhitzen und die Zwiebeln in der Butter andünsten. Noilly Prat zugießen und einkochen lassen. Das Spargelpüree dazugeben, gut verrühren, abschmecken und 2 El Butter untermischen.

Das Muschelfleisch in einer Pfanne mit der restlichen Butter braten und anschließend mit Salz und Pfeffer würzen. Spargelbutter mit den Spargelköpfen und dem Muschelfleisch auf Tellern anrichten.

Für 4 Portionen
1 kg grüner Spargel, nur die oberen 10 cm
Salz
400 g Jakobsmuschelfleisch
2 Frühlingszwiebeln
4 El Butter
50 ml Noilly Prat
Pfeffer

Zubereitungszeit:
ca. 30 Minuten
(plus Gar- und Kochzeit)
Pro Portion ca. 152 kcal/638 kJ
16 g E, 14 g F, 14 g KH

Spargelsalat
mit Scampi

Spargel in kochendem Salzwasser mit etwas Zucker und der Butter bissfest garen. Abgießen und abtropfen lassen. Honigmelone schälen und das Fruchtfleisch ausstechen. Tomaten putzen und in Scheiben schneiden.

Spargel mit Salat, Melone und 175 g Scampi in eine Schüssel geben. Aus Joghurt, Mayonnaise und Zitronensaft eine Salatsauce rühren und mit Salz, Pfeffer und Zucker abschmecken. Über die Salatzutaten geben und 20 Minuten ziehen lassen. Vor dem Servieren mit den restlichen Scampi dekorieren. Mit Dill bestreut servieren. Dazu Baguette reichen.

Für 4 Portionen
750 g weißer Spargel geputzt, in 3 cm langen Stücken
Salz, Zucker
1 El Butter
500 g Honigmelone
8 Kirschtomaten
3/4 Kopf Eisbergsalat, in Streifen
225 g gekochte Scampi
150 g Joghurt
4 El Mayonnaise
2–3 Tl Zitronensaft
Pfeffer
2 El frisch gehackter Dill

Zubereitungszeit:
ca. 20 Minuten
(plus Gar- und Ruhezeit)
Pro Portion ca. 234 kcal/983 kJ
11 g E, 13 g F, 18 g KH

Gebratener Kabeljau
mit Spargel und Chips

Für 4 Portionen
500 g Kartoffeln
Pflanzenöl zum Ausbacken
500 g weißer Spargel
Salz
Zucker
30 g Butter
300 g Wildspargel
50 g Mungobohnen-
sprossen
Pfeffer
2 El Sesamöl
500 g Kabeljaufilet
Mehl
2 El frisch gehackter Koriander

Zubereitungszeit:
ca. 40 Minuten
(plus Gar- und Bratzeit)
Pro Portion ca. 242 kcal/1014 kJ
28 g E, 3 g F, 23 g KH

Die Kartoffeln schälen, in dünne Scheiben schneiden und in heißem Fett goldbraun backen. Den weißen Spargel schälen, die unteren Enden abschneiden. Die Spargelstangen in kochendem Salzwasser mit etwas Zucker und 1 Butterflocke etwa 5 Minuten ziehen lassen. Vom Wildspargel nur die unteren Enden abschneiden. Den Spargel abgießen.

In einer Pfanne 15 g Butter erhitzen. Darin den Wildspargel 1 Minute anbraten, wenden. Nun den weißen Spargel dazugeben. Die Sprossen zugeben und mitbraten. Pfeffern und salzen, die Pfanne vom Herd nehmen und das Sesamöl darüberträufeln.

Das Fischfilet mit Salz und Pfeffer würzen und mit Mehl bestäuben. In der restlichen Butter in einer Pfanne scharf anbraten. Nach 2 Minuten wenden und weitere 2 Minuten braten. Fisch mit dem gebratenen Spargel und Kartoffeln servieren. Mit Koriander bestreuen.

Lachs
mit Spargel

Den Spargel schälen, die Enden abschneiden, die Stangen in 10 cm lange Stücke schneiden. Spargel in den Siebeinsatz eines Dämpftopfes legen und bei geringer Temperatur 15 Minuten dämpfen. Das Fischfilet mit 2 El Sojasauce bestreichen und mit Salz und Pfeffer würzen. Fisch nach 5 Minuten Dämpfzeit auf den Spargel legen.

Sherry mit 4 El Wasser, Essig und der restlichen Sojasauce in einem Topf aufkochen und 2 Minuten köcheln. Die Butter flöckchenweise mit dem Schneebesen einrühren und mit Salz und Pfeffer abschmecken.

Die Sauce auf Teller geben, darauf den Spargel legen und mit dem Fischfilet abschließen. Schnittlauch bis auf wenige Halme in Röllchen schneiden. Den Fisch mit Schnittlauchröllchen bestreuen. Einige Schnittlauchhalme als Dekoration darüberlegen.

Für 4 Portionen
600 g weißer Spargel
4 Lachsfilets (à 130 g)
3 El Sojasauce
Salz
Pfeffer
4 El trockener Sherry
3 El Balsamessig
150 g Butter
1 Bund Schnittlauch

Zubereitungszeit:
ca. 30 Minuten
(plus Dämpf- und Kochzeit)
Pro Portion ca. 218 kcal/916 kJ
36 g E, 5 g F, 6 g KH

Seeteufel
mit Zwiebelgemüse und Spargel

Den Spargel schälen, die Enden abschneiden und die Stangen auf 15 cm kürzen. Spargel in kochendem Salzwasser mit etwas Zucker und 1 El Butter garen. Den Spargel abgießen, abtropfen lassen und warm stellen.

Die Zwiebeln schälen und in dünne Ringe schneiden. Restliche Butter und Öl in einer Pfanne erhitzen und die Zwiebeln darin etwa 5 Minuten dünsten. Salbeiblätter und Rotwein hinzufügen und alles 15 Minuten köcheln, bis der Wein verkocht ist. Mit Salz und Pfeffer würzen.

Fischmedaillons würzen und mit dem Traubenkernöl einpinseln. Einen Bräter erhitzen und die Medaillons darin etwa 5 Minuten braten. Wenden und weitere 2 Minuten braten. Spargel mit dem Zwiebelgemüse und den Fischmedaillons auf Tellern anrichten.

Für 4 Portionen
1 kg weißer Spargel
Salz, Zucker
2 El Butter
300 g weiße Zwiebeln
2 El Pflanzenöl
4 frisch gehackte Salbeiblätter
100 ml Rotwein
Pfeffer
8 Medaillons vom Seeteufel
1 El Traubenkernöl

Zubereitungszeit:
ca. 40 Minuten
(plus Dünst- und Kochzeit)
Pro Portion ca. 228 kcal/955 kJ
28 g E, 8 g F, 9 g KH

Forelle auf Spargelgemüse

Für 4 Portionen
750 g weißer Spargel
200 ml Gemüsebrühe
200 ml Sahne
1 Tl Limettensaft
gemahlene Muskatnuss
4 El frisch geriebener Gouda
4 Forellenfilets
Salz, Pfeffer
3 El Mehl
2 El Pflanzenöl
2 El Butter
2 El frisch gehackter Dill

Zubereitungszeit: ca. 30 Minuten (plus Gar- und Bratzeit)
Pro Portion ca. 308 kcal/1291 kJ
22 g E, 22 g F, 6 g KH

Den Spargel waschen, schälen und die Enden abschneiden. Spargelstangen in etwa 3 cm lange Stücke schneiden.

In einem Topf Brühe mit Sahne erhitzen und die Spargelstücke darin garen. Mit Limettensaft und Muskatnuss abschmecken. Zuletzt den Käse in das Gemüse rühren.

Die Fischfilets mit Salz und Pfeffer würzen und mit Mehl bestäuben. Öl und Butter in einer Pfanne erhitzen und die Fischfilets darin von beiden Seiten etwa 6 Minuten braten.

Das Spargelgemüse auf Teller verteilen. Die Fischfilets darauf anrichten und mit Dill bestreuen. Dazu schmecken bunte Nudeln.

Gedünstete Scholle
mit Spargelpüree

Kartoffeln in wenig gesalzenem Wasser etwa 20 Minuten mit Schale garen. Anschließend abgießen und abtropfen lassen. Grünen und weißen Spargel putzen, schälen, Enden abschneiden und den grünen Spargel in Stücke schneiden. In kochendem Salzwasser garen.

Spargel abgießen, den Kochsud aufbewahren und abtropfen lassen. Den grünen Spargel mit 200 ml Spargelsud pürieren. Kartoffeln schälen und zerstampfen. 150 ml Sahne erwärmen und mit dem Spargelpüree unter das Kartoffelpüree rühren. Mit Salz, Pfeffer, Muskat und Kerbel würzen und die Butter unterheben.

Fischfilets längs halbieren und mit Zitronensaft beträufeln. Im heißen Fischfond abgedeckt etwa 3 Minuten dünsten. Herausnehmen und warm stellen. Restliche Sahne in den Fond gießen und etwas einkochen lassen. Schollenfilets auf weißem Spargel anrichten und mit dem Spargelpüree und der Sauce servieren.

Für 4 Portionen

600 g Kartoffeln
Salz
300 g grüner Spargel
250 g weißer Spargel
250 ml Sahne, Pfeffer
gemahlene Muskatnuss
2 El frisch gehackter Kerbel
2 El Butter
600 g Schollenfilets
2 El Zitronensaft
250 ml Fischfond

Zubereitungszeit:
ca. 40 Minuten
(plus Gar- und Dünstzeit)
Pro Portion ca. 455 kcal/1911 kJ
35 g E, 22 g F, 28 g KH

Rotbarschfilet
mit Spargelpüree

Kartoffel- und Spargelpüree wie oben beschrieben zubereiten. Die restlichen Spargelstangen (250 g) ganz lassen.

Die Fischfilets waschen, trocken tupfen, würzen und mit Zitronensaft beträufeln. Restliche Butter in einer Pfanne erhitzen und die Fischfilets darin von beiden Seiten etwa 3 Minuten braten, herausnehmen, warm stellen. Sahne in der Pfanne etwas einkochen lassen, mit Salz, Pfeffer, Muskatnuss und Kerbel würzen. Fisch mit dem Spargelpüree, den Spargelstangen und der Sahnesauce servieren.

Für 4 Portionen

600 g Kartoffeln
Salz
550 grüner Spargel
250 ml Sahne, Pfeffer
gemahlene Muskatnuss
2 El frisch gehackter Kerbel
5 El Butter
600 g Rotbarschfilets
2 El Zitronensaft

Zubereitungszeit:
ca. 40 Minuten
(plus Gar- und Bratzeit)
Pro Portion ca. 368 kcal/1544 kJ
32 g E, 24 g F, 5 g KH

Pangasiusfilet
auf Spargelsalat

Für 4 Portionen
1 kg weißer Spargel
300 g frische Erbsen, Salz
1 Zwiebel
4 El Weißwein-Essig
6 El Olivenöl
Pfeffer
1 Bund frisch gehackter Dill
600 g Pangasiusfilet
Mehl, 2 Eier
50 g Paniermehl
3 El Pflanzenöl

Zubereitungszeit:
ca. 40 Minuten
(plus Ruhe- und Bratzeit)
Pro Portion ca. 325 kcal/1365 kJ
42 g E, 5 g F, 26 g KH

Spargel schälen, Enden abschneiden und die Stangen schräg in dünne Scheiben schneiden. Die Köpfe ganz lassen. Erbsen putzen und in kochendem Salzwasser etwa 4 Minuten blanchieren. Abgießen und abtropfen lassen. Zwiebel schälen und hacken.

Zwiebel mit Essig, Öl, Salz und Pfeffer zu einem Dressing verrühren und mit Spargel und Erbsen mischen. 30 Minuten durchziehen lassen. Dann mit Dill bestreuen.

Fischfilet würzen und mit etwas Mehl bestäuben. Anschließend in verquirlten Eiern und Paniermehl wenden. Öl in einer Pfanne erhitzen und die Fischfilets darin von beiden Seiten etwa 5 Minuten braten. Heiße Fischfilets in Streifen schneiden auf dem Spargelsalat anrichten.

Lachs
auf Wildspargel

Für 4 Portionen
800 g Wildspargel
Salz, Zucker
1 Tl Butter, 2 Tl Mehl
200 ml Sahne
4 Lachsfilets ohne Haut (à 130 g)
1 El schwarze Pfefferkörner, grob gehackt
in Streifen geschnittene Schale von 2 unbehandelten Zitronen
2 El Olivenöl

Zubereitungszeit:
ca. 40 Minuten
(plus Gar-, Koch- und Bratzeit)
Pro Portion ca. 393 kcal/1649 kJ
29 g E, 28 g F, 6 g KH

Den Spargel in 400 ml Wasser, mit Salz und etwas Zucker garen, dann herausnehmen. Butter mit dem Mehl vermengen und mit der Hälfte der Sahne in die Spargelbrühe rühren. 10 Minuten köcheln.

Fischfilets salzen. Pfeffer mit den Zitronenschalen mischen und auf den Lachsfilets verteilen. Öl in einer Pfanne erhitzen und Lachs darin von beiden Seiten 3 Minuten braten. Restliche Sahne steif schlagen und mit dem Spargel in die Sauce geben. Abschmecken. Lachsfilet mit dem Spargel servieren.

Rezeptverzeichnis